리더는 왜 무너지는가

리더는 왜 무너지는가
실패하지 않는 리더의 생존 전략

초 판 1쇄 2025년 06월 26일

지은이 서장원
펴낸이 류종렬

펴낸곳 미다스북스
본부장 임종익
편집장 이다경, 김가영
디자인 임인영, 윤가희
책임진행 김은진, 이예나, 김요섭, 안채원, 이예준

등록 2001년 3월 21일 제2001-000040호
주소 서울시 마포구 양화로 133 서교타워 711호
전화 02) 322-7802~3
팩스 02) 6007-1845
블로그 http://blog.naver.com/midasbooks
전자주소 midasbooks@hanmail.net
페이스북 https://www.facebook.com/midasbooks425
인스타그램 https://www.instagram.com/midasbooks

© 서장원, 미다스북스 2025, *Printed in Korea*.

ISBN 979-11-7355-297-7 03320

값 19,000원

※ 파본은 구입하신 서점에서 교환해드립니다.
※ 이 책에 실린 모든 콘텐츠는 미다스북스가 저작권자와의 계약에 따라 발행한 것이므로 인용하시거나 참고하실 경우 반드시 본사의 허락을 받으셔야 합니다.

미다스북스는 다음세대에게 필요한 지혜와 교양을 생각합니다.

WHY LEADERS FALL

리더는 왜 무너지는가

실패하지 않는 리더의 생존 전략

서장원 지음

미다스북스

추천사 8

프롤로그 리더는 왜 무너지는가 12

1부 리더십 붕괴는 어떻게 시작되는가

1장   리더십 붕괴의 메커니즘   21
- 실패한 리더들의 공통점   23
- 경고음은 있었지만 무시되었다   26
- 리더가 보지 못하는 맹점   30
- 균열은 리스크에서 시작된다   33

2장   리더십 리스크란 무엇인가   37
- 리더를 흔드는 6가지 리스크   39
- 리더십 리스크의 구조적 취약 지대   42
- 리더십 리스크 자가 진단 프리뷰   46

2부　리더를 위협하는 6가지 리스크

3장　커뮤니케이션 리스크 - 말하지 않는 팀　53
- 말이 사라진 팀 조용한 경고음　54
- 소통한다는 착각　56
- 침묵을 학습한 조직 침묵을 깨는 리더　59
- 말 없는 팀이 무너지는 이유　62
- 말문을 여는 리더의 태도　65

4장　인적 리스크 - 사람을 잃는 리더　73
- 말은 오가지만 마음은 없다　74
- 신뢰가 무너진 자리엔 사람이 남지 않는다　77
- 조용한 결심 이탈의 시나리오　81
- 사람을 지키는 리더의 실천　84

5장　의사결정 리스크 - 고립된 판단 흔들리는 팀　91
- 의사결정을 미루는 리더 팀은 불안해진다　92
- 소통 없는 결정 설명하지 않는 리더　96
- 모든 결정을 리더가 할 수는 없다　99
- 함께 판단하고 함께 결정하는 리더　102

6장 평판 리스크 - 만들어진 이야기 · 107
- 말보다 먼저 평판이 움직인다 · 108
- 팀 밖에서 시작된 이야기 · 111
- 평판은 리더 혼자 만들지 않는다 · 115
- 평판을 회복하는 리더의 언어 · 118

7장 전략 리스크 - 전략은 있어도 함께 가는 힘이 없다 · 123
- 전략 실행에서 사라진 리더 · 126
- 변화의 타이밍을 읽지 못하는 이유 · 131
- 전략을 움직이는 건 함께 가는 힘이다 · 135

8장 윤리적 리스크 - 선을 넘는 순간의 대가 · 141
- 일상의 권력 일상의 위반 · 143
- 회식은 여전히 위험하다 · 146
- 침묵은 동조다 · 149
- 리더를 지키는 윤리적 리더십 · 152

3부 무너지지 않는 리더의 실천 전략

9장 무너지지 않은 리더의 선택 — 159
- 실패하지 않은 리더들의 공통점 — 161
- 감지하고 인정하고 연결하라 — 164
- 신뢰 회복을 위한 리더의 루틴 — 169
- 멈춘 루틴 다시 시작하는 법 — 175

10장 리스크 위에 세운 리더십 — 181
- 리더십 리스크 자가 진단 — 183
- 팀 피드백 시스템 — 187
- 불편한 대화를 마주하는 리더 — 190

에필로그 결코 무너지지 않는 리더들에게 — 195

부록 리더십 리스크관리 팀 코칭 가이드

- (1) 리더십 리스크관리 팀 코칭이란 무엇인가? — 201
- (2) 팀 코칭 운영 — 203
- (3) 팀 코칭 프로세스 — 208
- (4) 팀 코칭 실전 도구 — 210

추천사

리더십 원칙과 성공사례를 제시하는 책은 세상에 많다. 하지만 리더십 실패를 다루는 책은 드물다. 게다가 우리는 지금 막 전국민이 바로 눈앞에서 대통령 탄핵이라는 국가 리더십의 대몰락을 생생하게 지켜보았다. 리더십의 붕괴 징후를 미리 알고 변화했더라면 결과는 달라졌을 것이다. 어쩌면 위기 신호를 알아채고 현명하게 대응하는 것이 가장 좋은 리더십 행동일 수도 있는데, 사람들은 매우 주관적이라 그런 신호에 놀라울 정도로 무감하다. 스티븐 MR. 코비가 '사람들은 자신에 대해서는 의도로 평가하고 타인들은 행동으로 판단한다.'고 말한 대로다.

나는 경영자의 코치로 25년 일해 오면서 수많은 도전들을 목도해왔다. 이 책에서 말하는 리더십 리스크와 그에 대한 해법은 현실적이고 세세해서 깜짝 놀라게 된다. 6가지 리더십 리스크로 요약한 내용은 리더십 위기를 분석하는 데 이보다 더 잘 정리될 수 없다는 생각이 든다. 조직 상황과 사람들의 속마음에 대한 예시가 풍부해서 읽는 것만으로도 코칭을 받는 느낌이다. 리스크에 대한 자가진단 체크리스트가 있으니, 모든 리더들이 읽어

보고 리더십 지침으로 삼았으면 한다.

고현숙 ｜ 국민대 교수, 코칭경영원 대표코치

2020년 1월에 발간된 〈이코노미스트〉에는 코로나 팬데믹에 대한 언급이 없었다. 2022년 1월호에도 러시아의 우크라이나 침공을 예고하는 내용은 없었다. 가장 큰 리스크, 가장 중대한 결과를 초래하는 사건은 언제나 예상하지 못한 곳에서 발생한다. 그렇다고 해서 우리는 리스크를 그저 바라만 보고 있을 것인가? 아니다. 우리는 최대한 대비해야 한다. 특히 VUCA 시대를 살아가는 지금, 리스크 관리는 더 이상 선택이 아닌 생존의 조건이다.

이것은 조직에서도 마찬가지다. 이제는 리더십의 리스크에 주목해야 한다. 조직의 위기는 외부 환경보다도 내부 리더십의 균열에서 더 자주 시작된다. 그동안 수많은 리더십 책들이 개인의 특성, 역량, 그리고 개념 위주로 리더십을 이야기해 왔다면, 이 책은 다르다. 리더를 위협하는 커뮤니케이션 리스크, 의사결정 리스크 등 주요 리더십 리스크를 저자의 현장 경험을 바탕으로 구체적이고 실질적으로 풀어낸다. 단순한 이론서가 아니라, 조직 내 위기의 전조를 감지하고 리더십을 지켜내기 위한 실천적 접근법을 제시한다는 점에서 매우 돋보인다. 일독은 물론, 정독이 필요한 책임에 틀림없다.

배용주 ｜ 한국은행 국장

리더가 된 이후, 늘 스스로에게 던졌던 질문이 있다. "올해는 어떻게 더 인상적인, 더 회사에 기여하는 성과를 낼 것인가?" 이 질문은 초기에는 성공적인 결과를 만들어내는 데 적절했지만, 지속적인 성과를 창출하는 데에는 분명한 한계가 있다. 이전보다 더 나은 성과를 매번 연속해서 만들어내는 일은 사실상 불가능하다. 그런 불가능한 시도 속에서 얼마나 많은 성공적인 리더들이 좌절했고, 우울해했으며, 결국 쓸쓸한 뒷모습만 남긴 채 우리 곁을 떠났는지를 떠올리면 안타까운 마음이 든다.

『리더는 왜 무너지는가』라는 제목을 보는 순간, 나는 단번에 이 책이 무엇을 말하고자 하는지 알 수 있었다. 성공적인 리더, 리더십 그리고 성과에만 집중한 채 달려온 길은 결국 무너지는 리더를 만들게 된다. 나와 늘 같지는 않았던 멋진 모습들, 아슬아슬한 도전과 선택의 순간들은 늘 성공을 보장하지는 않는다. 더 좋은 성과를 향한 도전 이면에는 더 많은 리스크와 실패의 가능성이 함께 존재한다. 우리가 해야 할 일은 더 많은 성공 사례를 보며 따라 하는 것이 아니라, 실패하지 않을 교훈으로 나를 단단히 무장해 평정심을 유지하는 것이 아닐까?

평생 타인의 리스크를 관리하며 안정적인 삶을 만들어 준 리스크관리 전문가 서장원 대표. 그가 전하는 '무너지지 않는 리더의 조건'을 통해 우리는 백전불태(百戰不殆), 곧 '수많은 싸움 속에서도 결코 위태롭지 않은 지혜'를 장착하게 될 것이다.

김재현 | SK하이닉스 부사장

함께 일하던 시절, 서장원 대표는 단순히 성과만을 이끄는 사람이 아니었다. 그는 리더가 조직에 어떤 영향을 주는 존재인지를 자신의 말과 행동으로 증명해 보인 리더였다. 성과를 달성하면서도 구성원과의 진실한 관계가 얼마나 중요한지를 보여준 그와의 경험은, 내가 리더의 역할을 고민하는 데 있어 결정적인 기준이 되어주었다.

이 책은 리더십의 실패가 어디서 시작되는지를 정확히 짚어낸다. 소통, 판단, 관계, 책임 등 리더십의 작동 기반이 흔들릴 때 어떻게 조직 전체가 무너지는지를 구체적이고 현실적인 시선으로 보여준다. 그래서 이 책의 중심에는 '어떻게 실패하지 않을 것인가'라는 근본적인 질문이 놓여 있다.

『리더는 왜 무너지는가』는 리더십 리스크에 대한 진단은 물론, 리더십이 흔들릴 때 무엇을 감지해야 하고, 어떻게 회복해야 하는지에 대한 실천 전략까지 제시한다. 지금 리더의 자리에 있거나 그 자리를 준비하고 있는 이들에게, 이 책은 사전에 반드시 갖춰야 할 정신적 무기이자 실전 지침서다.

나재호 | KDB생명보험 노동조합위원장

프롤로그

리더는 왜 무너지는가

성과 뒤의 그림자

리더에게 성과는 존재 이유처럼 여겨진다. 성과를 내지 못하면 자격을 의심받고 결과로 말하지 않으면 설득력을 잃는다. 그래서 리더는 멈추지 않는다. 더 많은 성과 더 큰 책임을 향해 쉴 틈 없이 내달린다.

그러나 어느 순간, 이상한 기류가 흐르기 시작한다. 성과는 오르는데 팀은 점점 조용해진다. 회의는 무기력하고 피드백은 끊긴다. 눈은 마주치지만 마음은 연결되지 않는다. 리더는 성과를 쫓느라 바빴고 그 과정에서 무엇을 놓쳤는지조차 알지 못했다. 팀은 이미 무너지고 있었고 리더는 그것을 알아채지 못했다.

리더십 붕괴는 조용히 시작된다

리더는 하루아침에 무너지지 않는다. 대부분은 조용히 천천히 아주 미세하게 리더십의 붕괴가 시작된다. 이런 장면들이다.

· 회의에서 아무도 질문하지 않는다.
· 웃음은 줄고 어딘가 어색한 기류가 흐른다.

· 실수에 대한 솔직한 공유가 사라진다.

· 보고는 형식적이고 피드백은 메말라간다.

겉으로는 문제가 없어 보인다. 성과는 유지되고 있고 위에서도 별다른 지적은 없다.

그래서 더 위험하다.

'아무도, 아무 말도 하지 않는 상태'는 이미 리더십에 대한 경고다. 팀의 균열은 소리 없이 그러나 분명히 진행되고 있다. 가장 먼저 감지해야 할 사람은 리더다. 하지만 대부분은 가장 나중에 알아챈다.

"나는 괜찮다"는 말이 위험의 시작

리더로서 흔히 하는 착각이 있다. '성과가 나고 있으니 나는 괜찮다.' '내가 괜찮다고 느낀다는 건 팀도 괜찮다는 뜻이다.' 하지만 정말 그럴까?

팀원들은 괜찮지 않다. 업무는 벅차고 분위기는 무겁고 회의는 피곤하다. 하지만 그들은 말하지 않는다. 그리고 리더는 눈치채지 못한다. 리스크는 그렇게 리더가 가장 방심한 순간에 자란다. "나는 괜찮다"는 말은 어쩌면 리더 스스로에게 건네는 위험한 최면일 수 있다. 그 말이 자주 떠오른다면 오히려 자신을 점검해야 할 때다.

진짜 괜찮은 리더는 '내가 괜찮은가'보다 '팀이 정말 괜찮은가'를 먼저 묻는다.

말해주는 사람이 없을 뿐

많은 리더가 리스크를 '감지하기 어려운 것'이라 생각한다. 하지만 진짜 이유는 따로 있다. 누군가 말해주지 않기 때문이다. 불편한 이야기를 전해 줄 사람은 갈수록 줄어든다. 말해도 바뀌지 않는다는 학습, 말하면 손해 본다는 인식, 말해서 좋을 게 없다는 분위기. 침묵이 깊어질수록 리더는 점점 더 '나는 잘하고 있다'는 착각 속에 고립된다. 리더에게 지금 필요한 것은 진실을 비춰주는 '소통의 거울'이다.

이 책은 리더십을 지켜내는 생존법이다

성과를 내는 리더는 많다. 하지만 성과를 내는 과정에서 리더십이 조금씩 무너지는 경우도 적지 않다. 리더는 문제를 해결하는 사람인 동시에 문제를 감지하고 예방할 줄 아는 사람이어야 한다. 실패한 리더는 문제를 만들고 성공한 리더는 리스크를 관리한다.

이 책은 리더가 놓치기 쉬운 6가지 리더십 리스크를 중심으로 경고 신호를 감지하고 자신의 리더십을 진단하며 회복 가능한 루틴을 설계할 수 있도록 돕는다.

이 책이 필요한 당신에게

리더는 외롭다. 성과도 갈등도 압박도 모두 리더의 몫이다. 사람들은 리더라면 '당연히 감당해야 한다'고 말한다.

이 책은 그런 리더에게 조용히 손을 내민다. 무너지지 않기 위해 지금 여기서 다시 당신의 리더십을 점검할 수 있다고 말이다. 지금 이 책을 펼친 당신은 이미 좋은 리더다. 스스로를 돌아볼 줄 알고 팀을 지키고 싶은 마음이 있기 때문이다. 고민하는 그 순간부터 당신은 리더로서 자격이 있는 사람이다.

『리더는 왜 무너지는가』는 리더를 평가하려는 책이 아니다. 당신에게 다가오는 위기의 전조를 감지하고 당신의 리더십을 지켜내는 안내서이다.

지지 않는 리더가 이기는 리더다.
실패하지 않는 리더가 성공하는 리더다.
무너지지 않는 리더가 결국 살아남는 리더다.

1부

리더십 붕괴는
어떻게 시작되는가

리더의 실패는 한순간의 사건이 아니다. 눈치채지 못한 채 지나친 작은 신호들, 책임을 외면한 선택들, 성과만을 앞세우고 관계는 뒷전이었던 태도들이 축적된 결과다. 더 중요한 사실은 무너진 리더들의 상당수가 자신의 리더십이 흔들리고 있다는 사실조차 인식하지 못했다는 점이다.

1장

리더십 붕괴의 메커니즘

리더십이 무너지는 데에는 언제나 패턴이 있다. 성과는 나쁘지 않았고 문제는 겉으로 드러나지 않았다. 리더 스스로도 '나는 잘하고 있다'고 믿고 있었다. 하지만 어느 순간 관계는 멀어지고 팀은 조용해졌으며 리더십은 서서히 균열을 일으키기 시작했다. 이처럼 리더의 실패는 한순간의 사건이 아니다. 눈치채지 못한 채 지나친 작은 신호들 책임을 외면한 선택들 성과만을 앞세우고 관계는 뒷전이었던 태도들이 축적된 결과다. 더 중요한 사실은 무너진 리더들의 상당수가 자신의 리더십이 흔들리고 있다는 사실조차 인식하지 못했다는 점이다. 성과가 탁월한 리더도 역량이 뛰어난 리더도 품성이 훌륭한 리더도 리더십 리스크에서 자유롭지 않다. 심지어 누군가의 롤모델이었던 리더조차도 무너진다. 성과 일변도의 조직문화, 반복되는 고립된 판단, 그리고 자기 점검의 부재. 그 안에서 리더는 자신의 리더십 상태를 돌아볼 여유조차 없다.

이 장에서는 실패한 리더들에게 반복적으로 발견된 붕괴의 전조 신호들을 살펴보고 리더가 무엇을 보지 못한 채 무너져가는지를 구체적으로 짚어

본다. 리더십 붕괴의 흐름 앞에서 '나는 예외'라고 말할 수 있는 사람은 없다. 이 흐름을 읽어야 리더는 무너지지 않는다.

WHY LEADERS FALL

실패한 리더들의 공통점

실패한 리더들의 공통점은 놀라울 만큼 비슷하다. 회사도 조직도 경력도 모두 다르고 추구하는 비전과 가치관, 성격도 제각기 다르지만 무너지는 방식만큼은 이상할 정도로 닮아 있다. 아래 4가지 특징은 수많은 리더십 실패 사례에서 반복적으로 발견되는 전형적인 신호들이다.

첫째, 리더는 종종 지나치게 혼자 해결하려 한다.

문제가 생겼을 때 책임감 있게 감당하려는 태도는 리더의 미덕처럼 보인다. 하지만 그것이 지나치면 오히려 리더 자신을 고립시키는 독이 된다. 팀원의 의견을 경청하고 함께 논의하기보다 '이건 내가 감당해야 할 일'이라며 혼자 결정하고 처리하는 데 익숙해진다. 그러나 어떤 문제들은 혼자서 판단하기에는 너무 복잡하고 그 결과가 실패로 이어질 경우 리더 자신은 물론 팀 전체에도 큰 충격을 준다.

둘째, 불편한 피드백을 차단한다.

"나한테 그런 말까지 해야 해?" 리더가 이렇게 말하는 순간 팀원들은 점점 말을 아끼기 시작한다. 리더는 여전히 자신이 신뢰받고 있다고 믿지만 실제로 팀원들은 그를 '피하고' 있는 것이다. 피드백이 사라진 조직은 리더에게 어떤 경고음도 주지 않는다. 리더는 점점 더 조용히 고립되고 그 고립은 결국 리스크의 확대로 이어진다.

셋째, 작은 이상 신호를 무시한다.

회의 분위기가 어색해졌고 보고가 자꾸 늦어지며 팀워크에도 작은 금이 생기기 시작한다. 하지만 리더는 '일시적인 현상일 거야'라며 넘겨버린다. 문제는 그 작은 틈들이 빠르게 균열이 되고 어느 순간 되돌릴 수 없을 만큼 커진다는 점이다. 실패한 리더들은 대부분 '그때 좀 더 살펴볼 걸'이라는 후회를 남긴다.

넷째, 문제를 밖에서 찾는다.

매출이 떨어지고 고객 불만이 터지고 팀원들의 불만이 증가해도 대부분의 리더는 외부 요인을 먼저 탓한다. 시장 상황, 예산 부족, 시스템 노후화…. 하지만 정작 중요한 건 리더십 그 자체다. 방향을 잘못 잡았는지 팀이 잘 따라오고 있는지 신뢰가 유지되고 있는지를 먼저 묻지 않는다. 리더십의 위기를 인식하지 못하는 것, 그것이 진짜 리스크다.

리더가 기억해야 할 점

실패한 리더는 예외 없이 비슷한 흐름을 따른다. 혼자 해결하려다 문제를 키우고, 불편한 피드백을 차단하며 고립되고, 작은 이상 신호를 무시하다가 균열이 발생하고, 문제를 외부 탓으로 돌리며 본질을 놓친다.

WHY LEADERS FALL

경고음은 있었지만 무시되었다

리더십의 위기는 갑작스러운 폭발로 시작되지 않는다. 작고 익숙한 일상 속에서 예고된 방식으로 서서히 찾아온다. 문제는 그 신호들이 '경고'로 인식되지 못한 채 단순한 일시적인 현상으로 여겨지고 쉽게 무시된다는 점이다.

예컨대, 이런 순간들이다.

- 보고서 작성에 실수가 반복됐지만 '요즘 다들 바쁘니까'하며 그냥 넘겼다.
- 회의 중 발언이 줄어들었지만 오히려 회의가 신속하게 진행된다며 긍정적으로 해석했다.
- 한 직원이 뚜렷한 이유 없이 말을 아끼기 시작했지만 개인 사정일 거라 여겼다.
- 팀원 간 갈등이 감지됐지만 서로 알아서 해결하겠지 싶었다.

이 모든 순간은 리더십 리스크의 '경고음'이었다. 그러나 리더는 그 신호를 듣지 못했다. 아니 사실은 '들었지만, 무시했다'는 표현이 더 정확하다.

침묵의 정상화

많은 조직에서는 불편한 진실보다 익숙한 침묵이 더 안전하게 느껴진다.

특히 위계가 강하고 연공서열 문화가 뿌리 깊은 조직일수록 문제를 제기하는 사람이 오히려 '문제가 있는 사람'으로 인식된다. 리더는 그런 침묵 속에서 '문제가 없다'는 착각에 빠지기 쉽다.

K 회사의 조 부장은 팀 내 잦은 이직과 반복된 목표 달성 실패에도 '요즘 세대가 예전 같지 않다'는 말로 상황을 무시했다. 회의에서는 누구도 질문하지 않았고 보고는 형식적으로 이뤄졌다. 이상함을 느낀 HR팀이 익명 인터뷰를 진행하자 팀원들의 첫마디는 이랬다.

"처음엔 의견을 냈죠. 그런데 그때마다 기분이 안 좋아지시는 것 같았어요."

"이젠 그냥 조용히 있어요. 그게 편하니까요."

경고음은 분명 존재했다. 다만 그것을 '문제로 인식하는 감각'이 무뎌졌을 뿐이다.

듣고 싶은 말만 듣는 리더

무너지는 리더들의 공통점 중 하나는 자신에게 유리한 말만 듣고 불편한 말은 차단한다는 점이다.

"어려운 환경에서도 이만큼 성과를 냈다면 팀장님은 분명 훌륭한 리더입니다."

"팀원들도 별다른 불만 없이 만족하며 일하는 것 같아요."

"다들 표정이 좋고 팀 분위기도 따뜻해 보여요."

이런 말들은 듣기엔 좋지만 실제로 리더에게 필요한 건 객관적인 정보 때로는 불편한 피드백일 수 있다.

H 회사의 IT 부서를 이끄는 표 팀장은 자신을 '열린 소통을 중시하는 리더'라고 말해왔다. 그러나 회의 중 반대 의견이 나오면 "그건 우리 방향과 안 맞아"라며 말을 끊어버리기 일쑤였다. 이런 태도가 반복되자 리더십 다면평가에서 '말해봤자 소용없다'는 팀원들의 응답이 줄을 이었다. 표 팀장은 '나는 열린 리더다'라고 믿었지만 정작 팀원들은 더 이상 말하지 않았다. 리더의 반응이 만든 작은 방어가 침묵으로 이어졌고 그 침묵은 결국 위기 신호의 소멸을 불러왔다.

경고음을 듣는 리더가 살아남는다

사람이 관계에서 위기를 느끼는 순간은 대부분 어떤 '작은 이상함'에서 시작된다. 리더십도 마찬가지다. 팀 분위기가 평소와 미묘하게 다르고 보고가 자꾸 늦어지며 회의에서 농담과 웃음이 줄어드는 것. 이 모든 건 '이상 신호'다. 관건은 그 작은 신호를 얼마나 예민하게 감지하고 위기의 출발점으로 받아들이느냐에 달려 있다. 이상 신호는 늘 존재한다. 다만 리더가 그것을 '신호'로 해석하느냐 아니면 '일시적 현상'이나 '기분 탓'으로 넘기고 무시하는가에 따라 위기의 크기와 속도는 전혀 다르게 흘러간다. 감지하는 리더는 조기에 대응하고 팀을 회복시킨다. 그러나 무시하는 리더는 리스크가 점점 커져 손쓸 수 없는 지점에 이르러서야 비로소 '그때 좀 더 살펴봤어야 했어'라고 후회하게 된다.

리더가 기억해야 할 점

침묵은 안정이 아니라 위기의 전조다.
듣고 싶은 말만 듣는 순간 팀은 말하지 않게 된다.
경고음은 외부에서 오는 것이 아니라 팀 안에서 조용히 시작된다.

WHY LEADERS FALL

리더가 보지 못하는 맹점

리더는 누구보다 팀을 잘 안다고 믿는다. 구성원의 성향, 니즈, 분위기 변화까지 빠짐없이 파악하고 있다고 자신한다. 하지만 아이러니하게도 정작 가장 중요한 것을 보지 못한다. 바로 자신의 리더십 안에 존재하는 '맹점'이다. 이 맹점은 결코 리더가 무능해서 생기는 것이 아니다. 책임감 있고 유능한 리더일수록 오히려 더 많은 맹점을 품고 있을 가능성이 크다. 이유는 단순하다. 그들은 '항상 바쁘고 혼자 고민하며 끊임없이 문제를 해결해야 하는 위치'에 있기 때문이다. 바로 이 구조 자체가 리더를 '자기 인식'에서 점점 멀어지게 만든다.

바쁜 리더일수록 자기 점검은 뒷전이 된다

리더는 문제를 찾고 해결하고 관리하는 사람이다. 하지만 그 문제의 대상은 대부분 업무와 타인에 집중된다. 정작 자신의 말, 행동, 태도, 의사결정이 팀에 어떤 영향을 주는지 돌아볼 여유는 없다. '나는 잘하고 있다'는 자신감의 문제가 아니라 오히려 '나를 돌아볼 시간이 없다'는 현실의 문제에 가깝다.

H사의 오 팀장은 영업추진팀장으로 실적을 챙기느라 정신이 없다. 외근이 많아 사내 교육도 제대로 참석하지 못했다. 어렵게 참여한 리더십 교육 시간, 그는 이렇게 말했다.

"업무가 바쁘긴 하지만 팀원들과는 충분히 소통하고 있다고 생각합니다."

그러나 팀원들은 전혀 다른 이야기를 꺼냈다.

"말은 자주, 많이 하시는 편이에요. 그런데 거의 '지시'라서 함께 고민하거나 대화한다는 느낌은 별로 없어요."

"우리가 뭘 느끼고 있는지 어떤 애로사항이 있는지는 전혀 관심 없어 보이세요. 늘 본인 입장에서만 말씀하시거든요."

오 팀장은 소통하고 있다고 믿었지만, 팀원들은 일방적인 전달만 받고 있다고 느끼고 있었다. 이는 단순한 인식 차이가 아니라 리더십 안에 존재하는 맹점의 전형적인 신호다. 그는 성과를 내기 위해 열심히 일하고 있었지만 자신의 리더십이 어떻게 작동하고 있는지 돌아보지는 않았다. 리더는 '잘하려는 마음'에 몰두한 나머지 '지금 잘하고 있는지'를 묻는 데는 인색해진다. 바로 그 틈에서 리더십의 맹점은 조용히 자라난다.

권위는 자기 인식을 흐린다

지위가 높아질수록 피드백은 줄어들고 자기 인식은 왜곡된다. 누구도 '당신의 말투가 불편하다', '그 결정은 적합하지 않다'고 직접 말하지 않는다. 그러다 보니 리더는 문제가 없다고 착각하기 쉽다.

C 회사의 최 부장은 구성원과의 성과관리 면담에서 '수평적 리더십'을 얘

기하며 열린 소통을 강조했다. 하지만 실제 부서 분위기는 정반대였다. 회의는 부장의 말로 시작해서 부장의 말로 끝났고 구성원들은 "그냥 듣기만 하는 게 편하다"고 말했다. 최 부장은 권위에 익숙해진 나머지, '자신이 얼마나 닫혀 있는지'를 인식하지 못하고 있었다.

'나는 문제없다'는 착각이 리스크를 키운다

리더가 위기를 맞는 결정적인 이유는 이것이다. 문제는 밖에 있다고 믿고 자신은 괜찮다고 여기는 것. 이러한 자기 확신은 작은 경고음에 귀를 닫게 만들고 관계의 균열에도 눈을 감게 만든다. 성과가 계속 나오는 한, 리더는 '나는 잘하고 있다'는 믿음에 더욱 확신을 갖는다. 오히려 그런 확신이 리더십 리스크를 더욱 감추고 강화시킨다. '지금도 괜찮다'는 믿음이 '앞으로도 괜찮을 것'이라는 착각으로 이어지고 결국 중요한 신호들을 놓친 채 위기를 맞게 되는 것이다. 리더십의 균열은 대부분 '자기 인식의 결핍'에서 시작된다. 무너짐은 외부로부터 오지 않는다. 리더 스스로 '나는 문제없다'고 믿는 순간 조직은 이미 조용히 흔들리기 시작한다.

리더가 기억해야 할 점

바쁠수록 자기 점검을 멈추지 말아야 한다.
지위가 높을수록 더 많은 피드백을 구해야 한다.
리더십 안의 맹점을 직면하는 순간 진짜 리더십은 시작된다.

WHY LEADERS FALL

균열은 리스크에서 시작된다

리더십은 한순간에 무너지는 '사건'이 아니다. 그보다 훨씬 조용하고 은밀하게 놓쳐버린 순간들이 쌓이고 결국 어느 날 균열이 터져 나온다. 성과가 나쁘지 않았고 조직은 겉보기엔 잘 굴러갔다. 하지만 속에서는 이미 금이 가 있었다. 누적된 침묵, 눈치채지 못한 감정, 쌓여가는 거리감, 피드백의 부재… 이 모든 것들이 리더십 안에서 균열을 만들어내고 있었다.

리더는 외부의 위협엔 민감하다. 경쟁사의 변화, 고객의 반응, 성과 지표의 움직임에는 빠르게 반응한다. 하지만 내부의 불균형에는 놀라울 정도로 둔감하다. 구성원의 표정 변화, 말 줄임, 반복되는 실수 같은 사소해 보이지만 중요한 신호들. 이들은 숫자로는 보이지 않지만 리더십을 흔드는 가장 강력한 요인이 된다. 관심을 기울이지 않으면 보이지 않는 것들. 바로 그것이 리더십을 무너뜨리는 가장 근본적인 리스크다.

균열은 항상 신호를 보낸다

리더십의 붕괴는 전조 없이 일어나지 않는다. 앞서 살펴본 리더십 실패 사례들을 돌아보면 공통점은 명확하다. 불편한 신호는 존재했지만 무시되었고 관계는 점점 느슨해졌으며 리더는 '나는 괜찮다'는 확신 속에서 자기 인식을 놓치고 있었다. 결국 리더십의 위기는 '리스크 감지 실패'에서 시작된 것이다.

이제 리더가 스스로에게 던져야 할 질문은 이것이다.

· 팀은 지금 나에게 무엇을 말하지 않고 있는가?

· 나의 리더십 안에서 어떤 균열이 자라고 있는가?

· 나는 지금 어떤 리스크를 외면하고 있는가?

2장에서는 리더를 위협하는 6가지 리스크를 본격적으로 살펴본다. 각각의 리스크는 리더가 가장 취약해지는 지점에서 자라나며 그 리스크는 팀 전체를 흔드는 도미노가 된다.

리더가 기억해야 할 점

리더십은 리스크를 감지하지 못할 때 무너지기 시작한다.

신호는 항상 존재한다. 보느냐 외면하느냐는 리더의 선택이다.

리스크는 사람과 관계 안에서 자란다.

2장

리더십 리스크란 무엇인가

리더는 늘 리스크를 점검한다. 목표 달성률, 고객 불만율, 예산 집행률, 규정 위반 가능성 등 수치로 드러나거나 점검할 수 있는 리스크는 누구보다 예민하게 파악하고 분석한다. 그리고 그에 맞는 대응 전략을 치열하게 고민한다. 하지만 이와는 전혀 다른 종류의 리스크가 있다. 눈에 보이지 않고 숫자로 측정되지 않으며 리더 본인도 잘 인식하지 못하는 위험. 조용히 팀을 흔들고 결국 리더십을 무너뜨리는 리더십 리스크다.

리더십 리스크는 리더의 성격 문제나 일시적인 실수를 의미하지 않는다. 그것은 리더가 자신의 말과 행동이 팀에 미치는 영향을 인식하지 못한 채 발생하는 관계 기반의 위험이다.

예컨대,

· 팀원이 점점 말이 없어지는 현상

· 회의가 형식적으로만 진행되는 분위기

· 팀 분위기가 어수선해지고 누군가 팀을 떠나려 한다는 소문

· 구성원이 '나만 소외받고 있다'고 느끼는 순간들

이런 모든 현상은 리더십 리스크의 전조일 수 있다. 그러나 많은 리더들

은 이를 '요즘 세대의 문제', '일시적 현상' 등으로 치부하며 넘긴다. 이때부터 리스크는 자라난다. 조용히 그리고 깊숙하게. 이처럼 수면 아래에서 시작된 미세한 신호는 어느새 팀 전체의 에너지를 갉아먹고 신뢰를 허무는 균열로 이어진다.

왜 리더십 리스크를 보지 못할까

그 이유는 리더가 '성과'에 집중할수록 '관계'와 '조직 감각'이 무뎌지기 때문이다. 수치로 증명되지 않는 불편한 기류, 애매한 눈빛, 망설이는 말투. 이런 것들은 보고서에 나타나지 않는다. 그래서 자각하지 못하고 놓치는 것이다. '리더십 리스크'는 성과를 방해하는 외부 요인이 아니다. 오히려 성과를 내는 과정에서 자라나는 내부 위험이다. 그 리스크는 침묵 속에서 무반응 속에서 조금씩 균열을 만든다. 그리고 어느 날, 성과조차 무너지게 만든다.

리더가 기억해야 할 점

리더는 숫자로 드러나지 않는 분위기, 관계, 반응을 감지하는 감수성이 필요하다.
리더십 리스크는 성과를 내는 과정에서 자라나는 내부 위험이다.
리더십 리스크란 자신의 말과 행동이 팀에 미치는 영향을 인식하지 못한 채 발생하는 관계 기반의 위험이다.

WHY LEADERS FALL

리더를 흔드는 6가지 리스크

리더십 리스크는 하나의 문제로 시작되지 않는다. 여러 요소들이 겹치고 쌓이면서 리더의 말과 행동이 의도와는 다르게 팀에 영향을 주는 '복합적 위험'으로 자라난다. 실제로 리더십이 무너진 수많은 사례들을 돌아보면 공통된 흐름이 있다. 팀 안에서 소통이 줄고 사람이 떠나고 의사결정이 흔들리고 리더에 대한 신뢰가 무너지는 과정. 이 흐름은 우연이 아니다. 일정한 '붕괴의 메커니즘'이 작동하고 있었던 것이다. 그 흐름을 따라가면 리더를 흔드는 6가지 리스크가 보인다.

리더십 리스크 6가지 유형

리더십 리스크 유형	붕괴의 흐름	리더십 리스크 징후	리더의 자각 질문
커뮤니케이션 리스크	소통 단절	말하지 않는 팀이 되며 정보의 왜곡과 단절이 시작된다	요즘 팀원들은 '불편한 말'을 꺼내고 있는가?
인적 리스크	관계 약화	이탈 신호가 보이고 남은 사람도 점점 소극적으로 변한다	팀원들은 지금 '심리적 안전감'을 느끼고 있는가?
의사결정 리스크	결정 혼선	리더는 고립되고 결정은 미뤄지거나 책임을 회피하게 된다	나는 지금 어떤 결정을 미루고 있는가?

2장 리더십 리스크란 무엇인가

평판 리스크	평판 왜곡	말과 행동, 의도가 조직 안팎에서 왜곡된다	나에 대한 평판은 지금 어디서 어떻게 돌고 있는가?
전략 리스크	전략 부재	과거에 안주하고 변화의 타이밍을 놓친다	우리 팀의 전략은 지금 변화와 연결되고 있는가?
윤리적 리스크	신뢰 붕괴	관행과 방관이 윤리 기준을 넘는다	"이 정도쯤이야"라고 넘기고 있는 건 없는가?

이 6가지 리스크는 독립적으로 움직이지 않는다. 예를 들어, 팀 내 말문이 막히면 심리적 거리감이 생기고 그 여파로 팀워크가 흔들린다. 리더는 점점 고립되면서 확신을 잃고 위기 상황에서 선택을 미루거나 잘못된 선택을 한다. 그 결과, 책임 회피가 조직 안에 스며들고 결국 팀 밖의 평판까지 흔들리며 전략 실행력마저 약화된다. 이처럼 하나의 리스크가 다른 리스크를 낳고 점점 커지는 '위험한 도미노 현상'이 일어난다. 그리고 리더는 대부분 그 도미노를 제때 멈추지 못했기 때문에 무너진다.

나는 지금 어느 지점에 서 있는가?

· 팀원들의 표정과 분위기에서 이상 신호가 느껴지지 않는가?

· 예전과 다르게 침묵하거나 외면하는 사람이 있는가?

· 내 말투나 태도는 구성원에게 어떻게 받아들여지고 있는가?

· 지금 나에 대한 소문은 어디서 어떻게 올라오고 있는가?

· 내가 놓친 피드백, 미룬 결정, 무심했던 말은 없었는가?

이런 질문들이, 앞으로 이어질 6가지 리더십 리스크별 챕터로 들어가는 출발점이 된다. 각각의 리스크는 '왜 발생하는가', '리더를 어떻게 무너뜨리는가', 그리고 '어떻게 대응할 수 있는가'를 구체적으로 다룰 것이다.

리더가 기억해야 할 점

· 하나의 리더십 리스크가 또 다른 리스크를 낳고 결국에는 리더십 전체를 흔드는 도미노가 된다.
· 6가지 리더십 리스크는 단순한 현상이 아니라 리더에게 보내는 메시지다.
· 지금 나의 리더십은 어떤 리스크와 마주하고 있는가?

WHY LEADERS FALL

리더십 리스크의 구조적 취약 지대

리더는 누구보다 많은 리스크를 관리하지만 아이러니하게도 스스로 가장 리스크에 노출된 사람이다. 리더십 리스크는 외부에서 갑자기 오는 것이 아니다. 리더 스스로 만들어내는 구조, 방식, 문화 속에서 천천히 자라난다. 그 환경이 반복되면, 리더는 어느 순간 리더십 리스크가 자라나기 쉬운 구조적 취약 지대 위에 서게 된다. 그 핵심 조건은 다음 3가지다.

성과 중심 시스템과 과잉 책임이 중첩되는 순간

목표 설정, 일정 관리, 이슈 해결, 성과 보고···. 리더는 늘 시간에 쫓긴다. 특히 위기나 변화의 시기일수록 리더는 문제를 신속하게 해결해야 한다는 책임감에 더욱 몰입하게 된다. 하지만 이럴 때 가장 먼저 밀려나는 것이 '자기 성찰'이다. 바쁜 상황에서 말과 행동은 계속되지만 '내가 지금 어떤 영향력을 끼치고 있는가'라는 질문은 멈춘다. 이런 상황에서는 다음과 같은 리스크가 자라난다.

· 구성원과의 대화 감소 및 일방적 지시 증가 → 커뮤니케이션 리스크
· 구성원의 신호에 무관심하거나 폐쇄적 → 인적 리스크, 평판 리스크

· 서두른 의사결정 → 의사결정 리스크, 전략 리스크

이럴 때 리더는 다음과 같은 질문을 다시 떠올려야 한다.
"지금 나는 성과만 바라보며 달리고 있진 않은가?"
"지금 내 말투나 피드백 속도가 팀에게 압박이 되고 있진 않은가?"
"내가 나아가는 속도만큼 팀은 따라오고 있는가?"

변화보다 반복이 유리한 구조

리더십에는 관성이 있다. 처음 성과를 낼 때 익숙했던 리더십 스타일은 시간이 지날수록 굳어진다. 문제는 팀의 역량과 외부 환경은 계속 변하지만 리더는 과거의 성공 방식을 그대로 반복한다는 점이다. 특히 새로운 세대, 새로운 시스템, 새로운 일하는 방식이 도입된 팀에서 과거의 리더십 방식은 더 이상 통하지 않을 수 있다. 관성에 빠진 리더는 다음과 같은 리스크에 노출되기 쉽다.

· 구성원의 의견 반영 없이 과거 방식 고수 → 의사결정 리스크

· 팀의 니즈 변화 감지 실패, 동일한 관리 스타일 반복 → 인적 리스크

· 일방적 피드백과 권위적 말투 지속 → 커뮤니케이션 리스크

이럴 때 리더는 잠시 멈춰 자문해 볼 필요가 있다.
"나는 여전히 과거의 방식에 머물러 있진 않은가?"
"내 방식이 팀에게 지금도 유효한가?"

"요즘 새롭게 변화를 시도한 부분은 무엇인가?"

자기 점검을 방해하는 조직문화

리더는 혼자서 리더십을 만드는 존재가 아니다. 그가 서 있는 조직문화가 리더십을 키우기도 리스크를 키우기도 한다. 특히 위계 중심, 성과 일변도의 문화는 리더가 스스로를 점검하지 못하게 만든다. 불편한 피드백이 사라지면 리더는 '문제가 없다'고 오해하기 쉽다. 결과적으로 리더는 팀이 보내는 경고음에 둔감해지고 리스크를 놓치게 된다.

· 불편한 피드백의 실종 → 커뮤니케이션 리스크
· 구성원과의 심리적 거리 확대 → 인적 리스크
· 리더에 대한 왜곡된 해석 누적 → 평판 리스크

이런 문화를 마주한 리더는 자신에게 이렇게 되물어야 한다.
"내가 말한 한마디가 누군가에게 상처나 위축감을 준 적이 없는가?"
"요즘 회의에서 팀원들은 나와 눈을 얼마나 자주 마주치는가?"
"최근 나에게 의미 있는 피드백을 건넨 팀원은 몇 명이나 있었는가?"

리더십 리스크는 리더 개인의 부족함에서만 시작되지 않는다. 오히려 성과만을 강조하는 시스템, 변화에 저항하는 구조, 침묵을 정상화하는 문화가 리더 스스로를 점검하지 못하게 만들고 리더십을 고립시키며 리스크를 자라나게 한다.

리더가 기억해야 할 점

리더십 리스크는 성과만으로 평가되는 조직, 변화보다 반복이 유리한 구조 그리고 침묵을 정상화하는 조직문화라는 '구조적 취약 지대'에서 발생하기 쉽다.

리더는 압박, 고착화된 리더십 스타일, 구조적 취약 지대에서 가장 쉽게 리스크에 노출된다.

리더가 서 있는 조직문화가 리더십을 키우기도, 리스크를 키우기도 한다.

WHY LEADERS FALL

리더십 리스크 자가 진단 프리뷰

리더십 리스크는 감지되지 않으면 존재하지 않는 것처럼 여겨진다. 그렇기에 가장 먼저 필요한 건 '자기 인식'이다. 지금 내 리더십 안에 어떤 리스크가 자라고 있는지 지금의 나는 어떤 신호를 외면하고 있는지 그 질문을 마주 보는 순간부터 리더십은 달라지기 시작한다. 다음 장부터 본격적으로 다룰 6가지 리더십 리스크에 앞서 아래 표는 리더 스스로 자신의 리더십을 점검해 보는 '프리뷰'의 성격이다. 자기 성찰을 이끄는 질문을 통해 지금 내 리더십 안에 어떤 리스크가 존재하는지를 조용히 돌아보는 출발점이 될 것이다.

6가지 리더십 리스크에 대한 자가 진단 예시

리더십 리스크 유형	자가 진단 질문
커뮤니케이션 리스크	• 최근 팀원에게 불편한 말을 직접 들은 적이 있는가? • 회의 중 침묵이 많아진 이유는 무엇일까?
인적 리스크	• 팀원 중 소외되었거나 지쳐 보이는 사람은 없는가? • 최근 팀원의 감정 변화를 눈치챈 적이 있는가?
의사결정 리스크	• 요즘 들어 미뤄지고 있는 결정은 무엇인가? • 최근 중요한 의사결정에 팀원들의 의견이 제대로 반영되었는가?

평판 리스크	• 내 말투, 피드백, 메신저, 이메일이 어떻게 받아들여질지 생각해 본 적이 있는가? • 팀 밖에서는 내가 어떤 리더로 이야기되고 있는가?
전략 리스크	• 우리 팀의 사업 전략은 지금 현실에도 유효한가? • 팀원들은 회사와 팀의 사업 계획과 본인의 업무를 연계하여 진행하고 있는가?
윤리적 리스크	• '이 정도는 괜찮겠지'라는 생각으로 넘긴 일이 있었는가? • 조직 내 불편한 관행을 알고도 외면한 적은 없는가?

이 질문들은 정답을 구하기 위한 것이 아니다. 이 질문들은 리더가 멈추고, 조용히 자각하고, 스스로를 조율하기 위한 출입구다.

· 나는 지금 어떤 리스크에 노출되어 있는가?

· 나를 가장 괴롭히는 리스크는 무엇인가?

· 나에게 가장 위협이 되는 리스크는 무엇인가?

그 질문 앞에 정직해지는 것. 그것이 리더십 리스크를 감지하고 변화시키는 첫걸음이다.

리더가 기억해야 할 점

리더십 리스크는 감지되지 않으면 존재하지 않는 것처럼 여겨진다.
리더십 리스크 자가 진단은 생존을 위한 자기 성찰 루틴이다.
지금 나에게 가장 위협이 되는 리스크는 무엇인가?

2부

리더를 위협하는 6가지 리스크

6가지 리더십 리스크는 독립적으로 움직이지 않는다. 팀 내 말문이 막히면 심리적 거리감이 생기고 리더는 점점 고립되면서 잘못된 선택을 한다. 그 결과, 책임 회피가 조직 안에 스며들고 결국 평판까지 흔들린다. 그리고 신뢰가 무너진 자리에 사람은 남지 않는다. 이처럼 하나의 리스크가 다른 리스크를 낳는 '위험한 도미노 현상'이 일어난다.

3장

커뮤니케이션 리스크
- 말하지 않는 팀

리더십이 무너지는 가장 조용한 방식은 팀이 '말하지 않는 팀'이 되는 것이다. 문제가 사라진 것이 아니라 말 안에서 '의미'가 사라진 것이다. 가장 먼저 사라지는 건 '불편한 말'이고, 그다음은 '진심이 담긴 말'이다.

커뮤니케이션 리스크란 리더의 말과 팀의 반응 사이에 보이지 않는 단절이 생기는 것이다. 말은 여전히 오간다. 하지만 건설적인 피드백은 사라지고 회의에는 토론이 없으며 그 말은 상대방의 마음에 좀처럼 도달하지 못한다. 겉으로는 아무 문제 없어 보여도 팀 안에서는 커뮤니케이션 기능이 조용히 멈춰 있다. 그 순간부터 팀은 균열을 숨긴 채 굴러가기 시작한다. 이 장에서는 리더십을 무너뜨리는 가장 은밀한 리스크, 커뮤니케이션 리스크의 전조부터 심화 그리고 회복까지를 함께 살펴본다.

WHY LEADERS FALL

말이 사라진 팀 조용한 경고음

"요즘 팀 분위기 나쁘지 않아 보여요. 다들 조용히 자기 일에 집중하고 있어요."

이 말을 듣고 안심하는 리더는 많다. 하지만 리더십 리스크는 언제나 가장 조용한 방식으로 찾아온다. 바로 '말이 사라지는 순간'이다. 그 침묵은 팀이 안정된 것이 아니라 경고음이 켜진 상태일 수 있다. 날것의 피드백, 조심스러운 반대, 서툰 제안. 이런 말들은 어쩌면 '리더를 불편하게 만드는 말'일 수 있다. 하지만 진짜 문제는 그 말들이 점점 사라지기 시작할 때다. 말이 없다는 건 의견이 없어서가 아니라 더는 말해봐야 소용없다는 체념 때문이다.

침묵을 부르는 리더의 방식

A 사의 마케팅팀 회의 시간엔 아무도 질문하지 않는다. 발표자는 준비한 내용만 설명하고 리더는 "좋아, 다음"이라고 짧게 정리한다. 발표자의 생각이나 내용에 포함되지 않은 여러 대안들 그리고 다른 팀원들의 의견을 리더는 궁금해하지 않는다. 그리고 리더 역시 본인의 생각을 솔직하게 피드

백 하지 않는다. 예전에는 실무자들이 "이건 고객 관점에서 효과적이지 않다"라거나, "이런 방식은 트렌디하지 않다"는 피드백을 내기도 했지만 어느 순간부터 그런 말이 사라졌다.

다음 회의 시간에는 또 다른 이유로 팀이 침묵에 빠진다. 리더가 너무 많이 말하고 팀은 듣기만 하는 경우다. 회의는 리더의 브리핑으로 끝나고 질문은 생략된다. 리더가 결론까지 말해버리면 팀은 처음부터 말을 꺼낼 필요를 느끼지 못한다. 팀장은 말한다. "요즘 애들이 참 말을 안 해요." 하지만 팀원은 말한다. "말하면 괜히 일만 커지고 회의는 끝도 없이 길어져요." 이런 침묵은 단지 '개인의 성향 차이'가 아니다. 조직이 리더에게 보내는 조용한 경고음이다. 고요함은 평온함이 아니다. 팀의 에너지가 빠져나가는 전조 현상이다. 말이 줄어드는 팀은 대개 리더와의 소통에서 불편함 또는 체념을 경험한 팀이다. 그리고 그 침묵은 리더에 대한 신뢰와 팀의 성과로 연결되는 깊은 균열을 만들어낸다.

리더가 기억해야 할 점

불편한 말을 꺼내는 구성원이 사라질 때 리더의 감각도 함께 멈춘다.
커뮤니케이션 리스크는 '말이 사라지는 순간' 시작된다.
지금 팀에서 사라진 말은 무엇인가?

WHY LEADERS FALL

소통한다는 착각

"나는 팀원들과 활발히 소통하고 있어요."

리더의 말이다. 회의를 주기적으로 열고 팀 메신저에 빠르게 반응하고 개별적인 피드백도 자주 하고 있기 때문이다. 겉으로 보기엔 분명 '소통'이 있다. 하지만 팀원들의 체감은 전혀 다르다.

"리더가 대부분의 시간 동안 혼자서 말을 합니다. 저는 그냥 듣기만 해요."

"저도 말은 하지만 제 의견을 있는 그대로 말하진 않아요."

이런 괴리는 어디서 비롯되는 걸까? 리더는 자신이 말을 하고 있기 때문에 소통하고 있다고 믿는다. 하지만 문제는 '소통의 양'이 아니다. 진짜 소통은 말이 오간다는 사실이 아니라 서로의 말이 마음에 닿고, 연결되고, 반영되는 경험에서 시작된다.

S사의 장 팀장은 자신을 '열린 리더'라고 소개한다. 그는 회의 때 항상 "자유롭게 의견 주세요."라고 말하며 회의를 시작한다. 하지만 막상 의견이 나오면 "그건 예산상 어렵고요.", "그건 우리 전략과 안 맞는 것 같아요."라며 차례차례 정리해 버린다. 회의 후 팀원은 말한다.

"결국 다 정해놓고 묻는 거잖아요. 왜 굳이 의견을 내라고 하는지 모르겠어요."

이런 상황이 반복되면 팀원들은 말을 줄인다. 리더는 계속 말하고 있지만 팀은 점점 침묵으로 향한다. 이것이 바로 '나는 소통하고 있다'는 리더의 착각이다. 그리고 이 착각은 커뮤니케이션 리스크가 깊어졌다는 위험한 신호다.

회의가 오히려 말을 줄이는 장치가 된다

많은 리더들이 회의를 소통의 도구라고 믿는다. 하지만 회의의 빈도보다 더 중요한 것은 그 안에서 오가는 말의 질감이다.

· 회의 때마다 리더가 결론을 먼저 제시한다면?
· 다른 관점의 질문에 '분위기 파악을 못한다'는 눈치를 준다면?
· 반대 의견을 '리더에 대한 도전'으로 받아들이는 분위기라면?

이럴 때 회의는 팀의 의견을 이끌어내는 장치가 아니라 말을 줄이는 장치가 되어버린다. 소통의 자리를 마련했지만 구성원은 더 이상 그 자리를 소통의 장으로 인식하지 않는다.

소통한다는 착각 침묵의 출발점

진짜 소통은 리더가 얼마나 말했느냐가 아니라 팀이 어떻게 반응하고 있는지로 드러난다. 그런데 많은 리더는 내가 말하고 있기 때문에 소통하고 있다고 믿는다. 하지만 그 말이 대화로 이어지고 업무와 관계에 반영되고 있는지 돌아보지 않는다면 그건 소통이 아니라 일방적인 전달일 수 있다.

특히 자신의 방식에 대한 확신이 클수록 '충분히 소통하고 있다'는 착각에 빠지기 쉽다. 이 착각은 피드백에 둔감해지게 만들고 팀의 침묵을 감지하지 못하게 한다. 결국 '나는 잘 소통하고 있다'는 리더의 믿음이 소통이 멈춘 조직을 만든다.

리더가 기억해야 할 점

소통은 리더의 말이 아니라, 팀의 반응으로 증명된다.
'충분히 소통하고 있다'는 착각이 침묵을 만든다.
진짜 소통은 말이 오가는 것이 아니라 마음이 연결되는 것이다.

WHY LEADERS FALL

침묵을 학습한 조직
침묵을 깨는 리더

팀이 침묵하는 이유를 리더는 종종 '개인의 성향'이나 '요즘 세대의 특징'으로 돌린다. 하지만 많은 경우 침묵은 말하지 않기로 학습된 결과다. 그것은 구성원의 태도 문제가 아니라 팀과 조직이 오랜 시간에 걸쳐 만들어낸 구조적 결과다.

"말해봤자 바뀌지 않는다."
"괜히 말 꺼냈다가 불편한 사람이 되기 싫다."
"말하고 나면 일만 많아진다."

이런 생각은 팀이 경험한 결과다. 분위기, 반응, 일하는 방식이 침묵을 학습시킨다.

침묵을 유도하는 조직의 구조

침묵은 단지 리더 한 사람의 말투나 피드백 스타일에서 비롯되지 않는다. 리더를 둘러싼 제도와 시스템 그리고 문화가 침묵을 요구하거나 정당화하거나 또는 강화한다.

· 지나치게 수직적인 보고 체계

· 반대 의견보다 빠른 실행이 강조되는 문화

· 실패를 수용하지 않는 분위기

· '일이 더 생긴다'는 두려움

이런 구조 속에서는 어느 순간 말하지 않는 것이 가장 안전한 선택이 된다.

많은 리더들이 이렇게 말한다. "저도 소통하려고 노력했어요. 근데 팀원들이 말을 안 해요. 솔직하게 말하라고 해도 소용없어요." 이 말이 전적으로 틀린 건 아니다. 그 리더가 서 있는 조직의 분위기 그동안 형성된 커뮤니케이션 방식 등 오랜 시간 형성된 조직의 문화가 침묵을 강화하고 있을 수도 있다.

이런 구조 속에서도 길을 찾는 리더

핵심은 이것이다. 침묵을 만든 것이 리더가 아니더라도 침묵을 감지하고 바꿀 수 있는 사람은 결국엔 리더다. 리더는 완벽한 조직을 요구할 수 없다. 하지만 그 조직의 현실을 핑계로 삼는 순간 리더십은 더 이상 확장되지 않는다. 이런 구조 속에서도 침묵을 감지하고 말이 살아 움직이는 팀을 만들기 위한 시도를 할 수 있어야 한다.

어떤 조직도 처음부터 침묵하지는 않았다.

그것은 하나의 말, 하나의 표정, 하나의 피드백, 하나의 반응이 쌓여 만들어진 결과다. 그리고 침묵을 깨는 시작은 다시 '하나의 말'에서 시작된다. 리더는 그 첫 번째 말의 주인이 되어야 한다.

리더가 기억해야 할 점

침묵을 만드는 조직문화라도 깨야 할 책임은 리더에게 있다.
조직이 침묵을 정당화할수록 리더는 더 의도적으로 말문을 열어야 한다.
어떤 조직도 처음부터 침묵하지는 않았다. 침묵을 깰 수 있는 첫 번째 말, 그 말의 주인은 리더다.

WHY LEADERS FALL

말 없는 팀이 무너지는 이유

　말이 사라진 팀은 조용하다. 겉보기엔 평화롭고 안정된 것처럼 보이기도 한다. 하지만 팀이 조용하다고 해서 아무런 문제가 없는 건 아니다. 오히려 그 안에 문제가 있어도 말하지 않기로 선택했다는 뜻일 수 있다. 말이 사라졌다는 건 의견이 사라지고 문제 제기가 멈췄으며 관계의 연결이 끊기기 시작했다는 신호다. 커뮤니케이션 리스크는 단순히 말이 줄어드는 것이 아니다. 그것은 팀의 협업, 리더의 의사결정, 조직의 성장 가능성까지 위협하는 조용한 붕괴의 시작이다. 그리고 이 침묵은 대부분 리더가 가장 나중에 눈치챈다.

침묵은 협업을 무너뜨린다

　협업은 말에서 시작된다. 놓친 정보를 보완하는 피드백, "그 부분은 제가 맡아볼게요."라는 제안, 작은 실수를 바로잡는 한마디, 이런 말들이 오갈 때 팀은 유기적으로 연결되고 함께 움직인다. 하지만 침묵이 자리 잡은 팀에서는 이런 말들이 사라진다. 누군가 잘못된 업무처리를 해도 아무도 지적하지 않고 "왜 이걸 혼자 처리 했나요?"라는 질문에 "몰랐어요. 아무도 말을 안 해서 그냥 문제없는 줄 알았어요."라고 대답하는 일이 생긴다. 모두가 알고 있지만 아무도 말하지 않는 상태. 그 순간 팀은 '같은 공간에 앉아 함께 일하는 척하지만 각자 따로 일하는 집단'이 된다.

침묵은 리더를 고립시킨다

말 없는 팀 안에서 리더는 점점 혼자가 된다.

리더는 회의를 열고 팀원에게 묻는다. "다른 의견 있어요? 더 좋은 생각 있으면 얘기해 주세요." 하지만 돌아오는 건 짧은 침묵과 고개 끄덕임뿐이다. 피드백은 사라지고 문제 제기도 없으며 제안도 없다. 결국 리더는 혼자 판단하고 혼자 결정하고 혼자 책임진다. 이 고립은 리더의 에너지를 소진시키고 결국 '혼자서 싸우는 리더'를 만든다. 모든 것을 혼자 책임져야 한다는 부담은 리더를 '더 많이 개입하고, 더 많이 통제하려는' 방향으로 이끈다. 그리고 그 통제는 팀의 자율성과 목소리를 줄이고 다시 침묵을 만들어낸다. 침묵과 통제가 서로를 강화하는 악순환이 조용히 시작된다.

침묵은 팀의 성장을 멈추게 한다

말이 있는 팀은 배우고 성장한다. "이건 왜 이렇게 하나요?", "혹시 이렇게 바꿔보면 어때요?" 이런 질문과 제안은 팀 안의 고정관념을 흔들고 조직이 더 나은 방향으로 진화하도록 만든다. 질문이 허용되고 제안이 반영되는 팀은 실수를 통해 배우고 실패 속에서도 기회를 발견한다.

반면 침묵이 익숙해진 팀은 변화의 동력을 잃는다. 완성되지 않은 아이디

어느 입 밖으로 꺼내지 못한 채 사라지고 불완전한 생각은 "괜히 말했다가 책임질까 봐" 스스로 삼켜버린다. 질문은 줄고 피드백은 끊기며 제안은 침묵으로 대체된다. 결국 팀은 도전을 피하고 익숙한 방식만 반복하게 된다. 침묵은 팀의 학습을 멈추게 하고 성장의 가능성을 닫아버리는 리스크다.

리더가 기억해야 할 점

팀의 고요함은 평온함이 아니라 말하지 않기로 한 선택이다.
말이 사라지면 협업은 흐트러지고 리더는 점점 고립되며 팀은 배우고 성장할 기회를 잃는다.

WHY LEADERS FALL

말문을 여는 리더의 태도

팀이 침묵에 빠질 때 가장 먼저 변해야 할 사람은 리더다.

"왜 아무도 말하지 않나요?"라고 묻기 전에 리더가 먼저 자신의 소통 방식을 점검해야 한다. 여기서 '말문을 연다'는 것은 단순히 말을 많이 하라는 뜻이 아니다. 말의 양보다 중요한 건 말하는 태도, 묻는 방식, 그리고 반응하는 자세다. 어떻게 묻는가에 따라 대답이 달라지고 어떻게 반응하는가에 따라 팀의 말문이 열릴 수도 닫힐 수도 있다. '말문을 여는 리더십'은 말을 잘하는 능력이 아니라 말을 이끌어내는 태도에서 시작된다.

말문을 닫는 리더 VS 말문을 여는 리더

리더의 말 한 줄이 팀의 말문을 열기도 하고 닫기도 한다. 말문을 여는 리더는 '말을 잘하는 사람'이 아니다. 말이 오가는 문화를 만드는 사람이다. 아래는 같은 상황에서도 리더의 말투와 태도에 따라 팀의 분위기가 어떻게 달라질 수 있는지를 보여준다.

리더의 말투와 태도가 팀에 미치는 영향

말문을 닫는 리더의 말	팀에 미치는 영향	말문을 여는 리더의 말	팀에 미치는 영향
"왜 아무도 의견이 없죠?"	위축과 방어	"여러분들의 의견이 궁금합니다."	생각할 여지를 주고, 말문을 연다
"그건 예산이 안 돼요."	아이디어 차단	"예산이 변수지만 아이디어는 좋습니다. 더 이야기해 볼까요?"	아이디어, 창의성 촉진
"더 좋은 의견 있으면 빨리 말해주세요."	비교 심리, 압박감	"지금 떠오르는 생각도 괜찮아요. 가볍게 공유해주세요."	편안한 분위기, 참여 유도
"이거 누가 제안했죠?"	책임 회피 유도	"이 아이디어, 우리 팀 안에서 더 발전시켜 보면 좋겠어요."	안전한 피드백 분위기 형성
"이건 왜 이렇게 한 거예요?"	실수 노출에 대한 불안	"이 부분에서 고민이 많았을 것 같아요. 어떤 의도였는지 얘기해 줄 수 있어요?"	대화 기반의 문제 해결 유도

말문을 여는 리더의 질문

많은 리더들이 '소통을 잘하고 싶다'고 말하지만 가장 먼저 바꿔야 할 건 말을 꺼내는 태도와 순서다. 다음은 말문을 여는 리더가 실천할 수 있는 질문 예시이다.

☞ **아이디어를 이끌어내는 질문**

모호하거나 두서없는 생각도 수용하겠다는 안전 신호 포함

· "지금 떠오른 아이디어가 있으신가요? 편하게 나눠주세요."
· "아직 구체적이지 않아도 괜찮습니다. 어떤 생각이 떠오르나요?"
· "혹시 다른 방향을 고민해 본 분 계시나요? 어떤 시선이든 좋습니다."

- "혹시 이 주제를 완전히 다르게 보면 어떤 접근이 가능할까요?"
- "조금 엉뚱해 보여도 좋습니다. 어떤 생각이 드시나요?"
- "이 문제를 해결한다고 가정했을 때 제일 먼저 시도해 볼 수 있는 방법은 무엇일까요?"

☞ **피드백을 유도하는 질문**

리더의 불완전함을 인정하고 솔직한 대화를 환영하는 태도 표현

- "제가 놓친 부분이 있다면 편하게 짚어주시면 감사하겠습니다."
- "오늘 제 설명 중에서 이해가 어렵거나 애매했던 부분이 있었나요?"
- "이 결정에 대해 혹시 걱정되거나 마음에 걸리는 부분이 있다면 꼭 말씀해 주시면 고맙겠습니다."
- "제가 놓친 시각이 있을 수 있습니다. 혹시 다른 관점으로 보신 분 계신가요?"
- "지금 이 기획안, 어떤 부분을 더 보완하면 좋을까요?"
- "이 결정이 여러분에게 어떤 영향을 줄지 솔직히 말해주시면 정말 도움 될 것 같아요."

☞ **제안을 응원하는 질문**

제안자와 팀 전체의 공동참여 유도

- "새로운 관점이라 좋네요. 더 이야기해 보면 좋을 것 같아요."
- "이런 생각이 나온 것 자체가 정말 의미 있어요. 더 확장해 보면 어떤 방향이 있을까요?"

- "이 제안에 대해 다른 분들은 어떻게 느끼셨는지도 궁금해요."
- "다른 분들도 이 제안에 대해 보탤 아이디어가 있을까요?"
- "지금 얘기한 내용, 조금만 구체화해 보면 실행으로 연결될 수 있을 것 같아요. 같이 정리해 볼까요?"
- "이 아이디어, 작게라도 한번 시도해 본다면 어디서부터 시작하면 좋을까요?"

말문을 여는 리더의 질문은 특별하거나 거창할 필요가 없다. 오히려 너무 멋진 말, 정답을 유도하는 질문은 팀을 더 조용하게 만들 수 있다. 중요한 것은 무엇을 묻느냐보다 어떻게 묻고 어떤 태도로 기다리는가에 있다. 어떤 말이 침묵을 깨지 못하는 이유는 그 말이 팀에게 '지금 말해도 안전하다'는 신호를 주지 못하기 때문이다. 리더가 자신의 기대에 맞는 답을 바라거나 의견을 평가하려는 분위기를 만들면, 팀원은 다시 입을 닫는다. 반대로 리더가 "조금 엉뚱해도 괜찮아요.", "지금 떠오르는 어떤 생각이든 좋습니다." 이렇게 말하며 차분히 기다려주고 고개를 끄덕이고 끝까지 경청한다면 그제서야 팀은 말을 꺼낼 준비를 한다. 결국 말문을 여는 리더는 말을 잘하는 사람이 아니라 먼저 질문하고 열린 태도로 반응하며 경청하고 팀원들을 존중하는 자세를 가진 사람이다.

리더가 기억해야 할 점

팀의 말문은 리더의 한마디로 열릴 수도 닫힐 수도 있다.
소통은 말을 많이 하는 것이 아니라 말을 잘 이끌어내는 것에서 시작된다.

'팀원들이 안전하고 편안하게 말할 수 있는 팀'이 좋은 팀이다.
침묵을 깨는 첫 번째 질문, 그 시작은 언제나 리더에게 달려 있다.

4장

인적 리스크
- 사람을 잃는 리더

"사람이 떠났습니다. 하지만 그보다 먼저 마음이 떠났습니다."

리더십의 붕괴는 단번에 일어나지 않는다. 말이 사라진 팀을 지나 조용한 이탈의 신호로 이어진다. 말은 오가지만 마음은 닿지 않고 보고는 이어지지만 신뢰는 끊어져 있다. 겉으로는 조용하지만 속으로는 결심하고 있는 구성원들. 그 침묵의 끝에는 결국 '사람의 이탈'이 기다리고 있다.

"이 리더와는 더 이상 함께 일하고 싶지 않습니다."

인적 리스크는 단순한 퇴사만을 의미하지 않는다. 심리적 거리감 → 관계의 단절 → 부서 이동 또는 퇴사로 이어지는, 리더가 원인이 되는 이탈 흐름이다. 어떤 이는 조용히 팀을 옮기고 어떤 이는 말없이 회사를 떠난다. 하지만 공통된 이유는 하나다. '더는 이 리더와 함께할 수 없다'는 마음.

이 장에서는 사람을 잃는 과정을 살펴본다. 말은 오가지만 마음은 없는 관계, 신뢰가 무너진 자리, 왜곡된 인정과 피드백, 그리고 사람을 잃지 않는 리더의 실천까지, '사람을 잃는 리더'가 되지 않기 위한 여정을 지금부터 시작한다.

WHY LEADERS FALL

말은 오가지만 마음은 없다

"말은 합니다. 하지만 진심은 주고받지 않아요."

팀원 한 사람이 남긴 이 말은 리더에게 많은 것을 시사한다. 보고는 이어지고 회의도 주기적으로 열린다. 대화는 존재하고 업무는 굴러간다. 하지만 그 안에 마음이 없다. 그 순간부터 팀은 '말은 오가지만 마음은 닿지 않는' 상태로 접어든다. 리더는 여전히 소통하고 있다고 믿지만 팀원은 그 대화에서 더 이상 정서적 연결을 느끼지 못한다. 말은 오가도 마음은 멀어진다. 그 정서적 단절은 조용히 그러나 분명하게 팀을 이탈의 방향으로 이끈다.

관계의 온도는 말의 양이 아니라 말의 질에서 시작된다

P 사의 2년 차 신입 사원 A 씨는 이렇게 말했다.

"저희 팀장님은 늘 친절하세요. 아침마다 인사도 건네고 '수고했어' 같은 말도 자주 하시죠. 그런데… 이상하게 그 말들이 와닿지 않았어요. 진심이라기보다는 그냥 해야 하니까 하시는 느낌이랄까요. 말이 오가는데 친밀감은 없다는 느낌이 들었어요."

A 씨는 오랜 고민 끝에 조용히 부서 이동을 신청했다. 팀에 명확한 문제

가 있었던 것도 업무가 버거웠던 것도 아니었다. 하지만 하루의 시작과 끝을 함께 보내는 리더와의 관계에서 '계속 함께 일하고 싶다'는 유대감은 끝내 생기지 않았다.

"신입사원 2년 차인 제가 먼저 부서를 옮기고 싶다고 하면 '저 사람은 조직에 잘 적응하지 못하는 건가?'라는 시선이 생길 수도 있잖아요. 그게 제일 고민이었어요. 그런데 처음 해보는 직장생활에서 일도 중요하지만 리더와의 관계에서 느껴지는 따뜻함이 정말 절실하더라고요."

리더는 매일 말을 건넸다. 하지만 그 말은 팀원에게 정보로만 전달됐을 뿐 관계로는 이어지지 않았다. 중요한 건 말의 양이 아니라 말의 밀도다. 심지어 칭찬조차도 진심이 느껴지지 않는다면 그것은 오히려 더 큰 거리감을 만든다.

A 씨의 사례는 우리에게 중요한 질문을 남긴다. 리더가 매일 건네는 인사와 피드백은 과연 팀원의 마음에 닿고 있었는가? 그 말은 기억에 남는 말이었는가 아니면 의례처럼 스쳐 간 말이었는가? 진심이 없는 말은 오히려 "나는 중요한 사람이 아니구나"라는 메시지를 준다. 그 순간 팀원은 말은 오가지만 마음이 닿지 않는 관계 속에서 스스로를 지워간다. "일은 할 수 있지만 이 관계 안에 오래 머물고 싶지는 않다." 이 생각이 스치기 시작하는 순간 인적 리스크는 조용히 자라난다. 심리적 이탈의 출발선은 그렇게 조용히 생겨난다. 리더는 자신이 충분히 소통하고 있다고 생각한다. 하지만 중요한 건 말의 양이 아니라 그 말에 담긴 태도와 진심 그리고 그 말이 팀원에게 어떻게 '느껴졌는가'다.

4장 인적 리스크 - 사람을 잃는 리더

관계는 그 진심의 농도를 기억한다.

리더가 기억해야 할 점

대화는 이어져도 마음이 멀어진다면 심리적 이탈은 이미 시작된 것이다.
관계의 온도는 말의 양이 아니라 진심이 전달되는 태도에서 나온다.
관계는 진심의 농도를 기억한다.

WHY LEADERS FALL

신뢰가 무너진 자리엔 사람이 남지 않는다

"사람이 떠나는 이유는 다양해 보이지만 대부분 그 중심에는 신뢰의 붕괴가 있다. 신뢰는 이탈의 방아쇠다."

리더는 팀원을 믿고 맡긴다고 말하지만 팀원은 리더가 진심으로 자신을 믿고 있는지 의심한다. 리더는 팀을 위해 헌신한다고 생각하지만 팀원은 리더가 '결국 자기 성과가 우선'이라고 느낀다. 리더와 팀원 사이에는 서로 다른 인식의 간극이 존재한다. 그리고 이 간극이 넓어질수록 신뢰는 조용히 무너진다. 인적 리스크는 신뢰의 균열에서 시작된다. 신뢰가 무너진 자리에 오래 머무르고 싶은 사람은 없다. 팀원이 리더를 떠나는 진짜 이유는 일이 힘들어서가 아니라 리더와의 신뢰가 무너져서 함께 일하고 싶지 않기 때문이다.

신뢰는 '관계의 공기'다

신뢰는 공기처럼 보이지 않지만 관계 전체를 감싸고 있는 가장 중요한 요소다. 그리고 그 신뢰가 사라졌을 때 비로소 우리는 그 존재의 중요함을 뒤늦게 깨닫는다. 리더십에서 말하는 신뢰는 단지 성실함이나 인품이 아니다. 업무 중의 태도, 일상적인 언행, 그리고 반복되는 선택 속에서 쌓이고 또 금이 간다. 인적 리스크와 가장 밀접한 3가지 신뢰 유형은 다음과 같다.

인적 리스크와 밀접한 3가지 신뢰 유형

신뢰 유형	구성원이 기대하는 리더의 모습	신뢰가 무너질 때 생기는 반응
업무 신뢰	능력을 믿고 자율성을 부여하는 태도	과도한 개입, 위임 불신 → 무기력, 소극적 대응
평가 신뢰	노력과 과정을 공정하게 인정해 주는 리더	불공정 인식 → 냉소, 성과주의 피로
관계 신뢰	존중과 배려, 일관된 태도	감정적 거리감 → 정서적 이탈, 심리적 퇴사

첫 번째, 업무 신뢰 – "이 일을 맡겨도 되는가?"

팀원은 리더가 자신을 '역량 있는 동료'로 보고 있는지를 끊임없이 확인한다. 겉으로는 위임한다고 말하지만 뒤에서는 끊임없이 개입하고 판단을 번복하는 리더의 행동은 팀원을 지치게 만든다.

"팀장님은 제 의견을 묻긴 하지만 결국 본인 생각대로 하세요. 저는 그냥 거쳐 가는 절차일 뿐인 것 같아요."

자율성을 통제하려는 태도는 '불신'으로 읽힌다. 결국 팀원은 '말하지 않는 방식'으로 대응한다. 단지 맡은 일을 처리만 하고 그 이상은 하지 않는다. 업무 신뢰가 무너진 팀에서는 어느새 모두가 시킨 일만 하게 된다.

두 번째, 평가 신뢰 – "공정하게 보고 있는가?"

팀원은 단지 성과뿐 아니라 그 성과를 만들어낸 과정의 노력도 함께 인정받기를 원한다. 리더가 결과만 강조하거나 눈에 띄는 사람만 반복해서 칭찬할 때, 보이지 않는 불쾌감과 냉소가 쌓인다.

예컨대 A는 프로젝트 초안부터 자료 정리, 발표 시나리오 작성까지 밤낮 없이 준비했지만 팀장은 최종 발표를 맡은 B를 더 크게 칭찬했고 인사 평가에서도 B가 탁월한 성과로 인정받았다.

"결국 드러나는 사람만 주목받는구나. 내가 고생한 걸 기억해 주지 않는다면 굳이 더 열심히 할 이유가 있을까?"

이때부터 내면에서는 '내가 애썼다는 걸 알아주는 사람은 없다'는 결론을 내리고 점점 감정의 끈을 놓는다. 평가 신뢰가 무너지면 팀원은 헌신할 이유를 잃는다. 그리고 그 상실감은 어느새 마음의 거리두기로 그리고 어느 순간 떠날 준비로 이어진다.

세 번째, 관계 신뢰 - "나를 진심으로 존중하는가?"

리더와 팀원의 관계는 단지 업무 파트너십을 넘어선다. 실수한 팀원에게 공개적인 질책을 하거나 아이디어를 무시하거나 고생한 팀원에게 '고맙다'는 말 한마디 없이 지나칠 때 팀원은 마음속에 질문을 하나 남긴다.

"나는 이 팀에서 존중받는 사람인가 아니면 언제든 대체 가능한 리소스일 뿐인가?"

존중 없는 언행은 단지 불쾌함으로 끝나지 않는다. 관계 신뢰를 파괴하고 그 틈에 '이곳에서는 더 이상 있고 싶지 않다'는 마음이 스며든다. 이탈은 바로 그 정서에서 시작된다.

신뢰가 사라질 때 마음도 함께 떠난다

　신뢰는 사람을 붙잡는다. 하지만 그 신뢰가 무너지는 순간 사람은 먼저 마음부터 떠난다. 그리고 마음이 떠난 팀원은 더 이상 묻지 않고 반응하지 않고 기대하지 않는다. 건네는 말은 줄어들고 피드백은 건조해지며 표정에서도 온기가 사라진다. 리더는 여전히 팀원과 함께 일하고 있다고 생각하지만 실제로는 마음의 이탈이 깊숙하게 진행되고 있다. 그 이탈은 언제 완성되는가? 피드백을 줘도 바뀌지 않을 거라는 학습이 쌓이고 감정을 드러내봤자 불편함만 남는다는 체념이 생기고 말해도 소용없다는 무력감이 굳어질 때 마음은 그 자리를 떠난다. 팀원이 남아 있다고 해서 신뢰가 남아 있는 것은 아니다. 신뢰가 사라진 자리에는 조용한 이탈이 준비되고 있다.

리더가 기억해야 할 점

사람이 떠나는 이유는 다양해 보이지만, 결국 신뢰가 무너졌기 때문이다.
신뢰는 보이지는 않지만 모든 관계를 지탱하는 기반이다.
업무, 평가, 관계의 신뢰가 무너진 자리에는 사람이 남지 않는다.

WHY LEADERS FALL

조용한 결심 이탈의 시나리오

"그 친구, 일도 잘했고 불만도 없었는데… 갑자기 그만뒀어요." 리더는 이렇게 말한다. 하지만, 사실 팀원의 이탈은 '갑자기' 일어나지 않는다. 퇴사는 마지막 장면일 뿐이다. 그전에 이미 오랜 심리적 이탈이 조용히 진행되고 있었다. 겉으로는 평온해 보이지만 안에서는 '떠날 준비'가 차곡차곡 쌓이고 있었던 것이다.

이탈은 심리적 퇴사에서 시작된다

입사 3년 차 디자이너 주 대리는 팀에서 '갑자기 사라진' 사람으로 기억된다. 그녀는 항상 맡은 일을 제때 해냈고 특별히 불만을 표하지 않았다. 그런데 어느 날, 아무 예고도 없이 이직을 하게 됐다는 메일을 팀에 통보했다.

하지만 함께 일했던 어느 동료는 다르게 기억한다.

- "프로젝트 회의 때 아이디어를 잘 냈던 대리가 최근엔 늘 조용했어요."
- "말을 아끼고 질문이 줄고 표정도 변했죠."
- "브랜드 리뉴얼 TF에서 빠지고 싶다는 말을 처음 꺼냈을 때 그게 신호였던 것 같아요."

리더는 주 대리가 '항상 조용하고 성실한 팀원'이라고 생각했다. 하지만 동료들은 알고 있었다. 그녀가 점점 멀어지고 있었다는 것을. 말없이 멀어지는 마음에는 흐름이 있다. 그 흐름을 이해하면 리더는 팀원의 이탈을 막을 수도 있다.

심리적 이탈의 흐름

단계	팀원의 변화	리더의 오해	실제 의미
감정의 피로	예전보다 말수가 줄고 무표정해진다	"요즘 집중할 일이 더 많아졌지."	감정 소진, 정서적 거리감이 생기기 시작
관계의 거리두기	대화, 회식, 비공식 자리에서 자주 빠진다	"개인 사정이 있겠지."	팀 소속감과 관계 유대감이 약화
회피와 수동성	피드백에 무반응, 회의에서 침묵	"요즘 왜 이렇게 소극적이지?"	신뢰 저하, 말이 무의미하다고 느껴짐
조용한 준비	부서 이동 및 이직 탐색, 이력서 업데이트	"갑자기 왜?"	이미 마음속 결심을 마쳤고 실행만 남은 상태

'예전 같지 않다', '말수가 줄었다', '눈을 피한다', '회의가 버겁다', '말해봤자 소용없다'는 메시지를 리더는 감지해야 한다. 심리적 이탈은 수면 아래에서 조용히 일어난다. 이탈의 시그널은 감정의 언어로 드러난다. 말은 줄어들고 반응은 차가워지고 표정은 흐려진다. 그 순간 리더가 '보고만 있고 느끼지 못하면' 팀원은 조용히 결심한다.

'함께 있고 싶지 않다'는 생각의 출발점

사람이 회사를 떠나는 이유는 다양하다. 하지만 대부분은 '리더'로 귀결된다.

"일이 많아도 사람이 괜찮으면 참을 수 있어요. 그런데 리더와 일하는 게 괴롭다고 느껴지면 오래 못 버티죠. 함께 있고 싶지 않아요."

이 말을 남기고 회사를 옮긴 어느 회사의 구성원의 말처럼 이탈의 진짜 이유는 일이 아니라 관계 그리고 리더에 대한 감정에서 시작된다. 리더는 조직을 이끄는 사람이다. 하지만 그 조직이 '사람의 관계로 이루어진 공동체'라는 사실을 잊는 순간 리더는 사람을 잃기 시작한다. 리더에게 인적 리스크가 발생하면 팀은 기능을 잃고 리더십은 의미를 잃는다. 그 시작은 '이탈을 위한 조용한 결심'에서 비롯된다.

리더가 기억해야 할 점

팀원의 이탈은 단번에 일어나는 사건이 아니라 조용한 결심이 쌓인 결과다. 말수가 줄고 표정이 흐려지고 참여가 낮아질 때 이미 이탈은 시작되고 있다. 남아 있는 사람보다 남고 싶은 사람이 팀을 지킨다.

WHY LEADERS FALL

사람을 지키는 리더의 실천

"사람은 숫자가 아니라 관계다."

리더십은 성과의 이름으로 사람을 관리하는 것이 아니라 사람을 지키는 방식으로 성과를 만들어내는 힘이어야 한다. 팀원이 떠난 뒤에야 뒤늦게 마음을 쏟는 리더가 되지 않기 위해 우리는 더 빨리 감지하고 더 자주 연결되고 더 진심으로 다가가야 한다. 리더십은 말이 아니라 실천에서 증명된다. 그리고 사람을 지키는 리더는 결국 팀을 지키는 리더다. 리더가 성과와 함께 관계를 지킬 때 그 팀은 관계를 바탕으로 한 지속 가능한 성과가 가능해진다.

감정의 변화를 감지하는 감수성

이탈은 늘 조용하게 시작된다. 그 시작점은 말이 줄고 표정이 흐려지고 거리감이 생기는 순간이다. 리더는 구성원의 '감정 변화'를 가장 먼저 감지해야 할 사람이다.

☞ **정서 감지형 질문 예시**

· "요즘 가장 에너지를 많이 쓰는 일이 뭐예요?"

· "최근에 일하면서 가장 답답했던 순간은 언제였어요?"

· "혹시 제가 신경 쓰지 못한 부분이 있었을까요?"

· "요즘 출근할 때 마음이 어때요?"

· "어떤 순간에 팀원들과 잘 지내고 있다는 느낌이 들어요?"

이런 질문은 단지 상황을 파악하기 위한 것이 아니라 관계를 지키기 위한 대화의 출발점이다.

감정을 표현할 수 있게 하는 심리적 안전감

이탈은 대체로 '말하지 않음'에서 시작된다. 하지만 팀원이 말하지 않는 이유는 하고 싶은 말이 없어서가 아니라 안전하지 않기 때문이다. 심리적 안전감은 '실수해도 괜찮다', '다른 의견을 내도 배척되지 않는다', '이야기해도 손해 보지 않는다'는 믿음에서 생긴다. 회의 시간에 의견을 끝까지 들어주고 실수한 팀원에게 다시 기회를 주며 진심으로 귀 기울이는 태도를 보일 때 팀원은 말하게 된다.

☞ **의견 유도형 질문 예시**

· "지금은 미완성된 생각이어도 괜찮아요. 떠오르는 대로 이야기해 주세요."

· "혹시 이 안건에 대해 불편하거나 걱정되는 점이 있다면 편하게 말해 주세요."

· "이 결정에 대해 내가 놓친 관점이 있을지도 모르겠어요. 어떻게 느끼셨나요?"

- "이번 회의 분위기 편했나요? 다음엔 어떻게 하면 더 좋아질까요?"
- "우리 피드백 방식에 개선할 점이 있다면 꼭 말씀해 주세요."

관계를 회복시키는 리더의 용기

이미 마음이 떠난 팀원에게 말을 건네는 일은 쉽지 않다. 하지만 그 말을 먼저 건네는 사람만이 관계를 되돌릴 수 있다. 리더는 정서적 거리감이 생긴 팀원에게 회피하지 말고 정면으로 마주하는 회복의 질문을 던져야 한다.

☞ **회복을 위한 질문 예시**

- "지난번에 제 말이 불편하게 들렸을 수도 있을 것 같아요. 그 얘기를 같이 나눌 수 있을까요?"
- "제가 좀 일방적으로 얘기했죠? 혹시 서운했던 부분이 있다면 꼭 듣고 싶어요."
- "저는 더 즐겁게 일하고 싶어요. 어떤 부분부터 바꿔가면 좋을까요?"
- "지금이라도 솔직하게 나누고 싶은 감정이 있다면 편하게 말해주세요. 진심으로 듣고 싶어요."

성장을 이끌어 주는 리더십

사람을 지키는 리더는 단지 이탈을 막는 리더가 아니다. 함께 성장하고 싶게 만드는 리더다. '이 팀에서 일하면 나도 성장할 수 있겠다'는 기대감이 있을 때 사람은 쉽게 떠나지 않는다. 리더는 팀원과 함께 일의 의미, 성장의 방향성을 찾아야 한다.

☞ **미래형 성장 질문 예시**

· "앞으로 어떤 일에서 더 성장하고 싶어요?"

· "당신의 강점이 더 발휘될 수 있는 일이 어떤 건지 말해 줄 수 있어요?"

· "내가 도와줄 수 있는 부분이 있다면 어떤 것이든 말해주세요."

· "우리 팀이 앞으로 더 좋은 팀이 되려면 무엇을 바꿔보면 좋을까요?"

· "일을 하며 '나답다'고 느끼는 순간은 언제인가요?"

리더가 기억해야 할 점

사람을 지키는 리더만이 성과도 끝까지 지켜낼 수 있다.
심리적 안전감이 있어야 팀은 말하고 머무르고 성장한다.
이탈을 막는 리더보다 함께 성장하고 싶게 만드는 리더가 오래간다.

5장

의사결정 리스크
- 고립된 판단 흔들리는 팀

리더는 매일 의사결정을 한다. 때로는 방향을 정하고 때로는 갈등을 중재하며 때로는 팀원 모두의 뜻을 모아 결론을 내려야 한다. 그런데 아이러니하게도 가장 중요한 결정일수록 리더는 혼자 숙고하고 혼자 판단하며 혼자 책임지게 된다. 말은 오가지 않고 신뢰는 흐릿해지며 피드백은 겉돌고 있다. 이럴 때 리더는 누구와도 충분히 상의하지 못한 채 '고립된 판단자'가 되어간다. 그 결정은 때로는 지나치게 조심스럽거나 독단적으로 흐른다. 그리고 팀은 점점 리더의 결정에 불안을 느끼기 시작한다. 리더십 리스크는 의사결정 실패에서 시작되기도 하지만 진짜 문제는 고립된 판단에서 자라난다. 소통의 단절, 관계의 이탈, 신뢰의 약화는 결국 리더를 판단의 외딴섬에 고립시키고 팀은 어느 순간부터 리더의 눈치를 보며 소극적으로 움직이거나 아예 반응하지 않게 된다.

이 장에서는 리더가 의사결정을 미루게 되면 팀에 어떤 일이 벌어지는지 왜 혼자 결정할 수밖에 없는 구조 속에 놓이게 되는지 그리고 그 고립된 판단이 어떻게 의사결정 리스크로 이어져 팀을 흔들고 리더십을 위협하는지를 살펴본다.

WHY LEADERS FALL

의사결정을 미루는 리더
팀은 불안해진다

"조금 더 지켜보자."
"지금 결정하기엔 아직 이르지 않을까?"
"전무님의 지침이 나올 때까지 기다리자."

이 말들은 언뜻 보면 신중해 보인다. 하지만 의사결정이 반복적으로 미뤄지면 팀은 불안에 빠지고 리더십은 흔들린다. "이번 주 안에는 결정해 주시겠죠?" 팀원들은 기다리고 있다. 다음 단계를, 실행의 방향을, 그 어떤 사인이라도. 하지만 리더는 말을 아낀다. "조금만 더 생각해 보자.", "아직은 때가 아닌 것 같다." 이 말이 반복되면 팀은 곧 리더가 방향을 잃었다고 느낀다. 신중함과 망설임은 다르다. 리더는 자신이 신중하다고 여기지만 팀원들에게는 결정하지 못하고 주저하는 모습으로 비친다. 시간이 흐를수록 팀 안에는 혼란과 추측이 쌓인다.

"이거, 어떻게 해야 하죠?"
"팀장님이 왜 이렇게 망설이지?"

결정이 늦어지면 팀은 불확실성에 빠지고 이상한 소문이 퍼지며 리더에 대한 신뢰에는 조용히 물음표가 붙는다.

리더는 왜 의사결정을 미루는가?

의사결정을 미루는 리더는 종종 이런 생각을 한다.
"내가 틀리면 어쩌지? 책임은 내가 져야 하잖아."
"모두를 만족시킬 수 있는 결정이 필요해."
"더 좋은 방안이 있을 거야. 조금만 더 고민해 보자."

이런 마음은 리더로서 당연하고 자연스러운 감정이다. 하지만 이런 걱정과 고민이 커져서 행동을 멈추게 만들면 리더는 고립되고 팀은 방향을 잃는다. 누군가는 먼저 움직여야 할 타이밍을 놓치고 누군가는 계속해서 '기다리는 일'에 시간을 써야 한다. 팀원들은 에너지를 어디에 써야 할지 모른다. 우선순위도 속도도 기준도 애매해진다. 결국 "어떻게 해야 하죠?"라는 불안이 먼저 찾아온다. 결정이 늦어질수록 "혹시 문제가 생긴 건 아닐까?"라는 추측으로 오히려 더 큰 혼란과 리스크를 만들어낸다. 리더의 의사결정 미루기는 단순한 '신중함' 때문만은 아니다. 의사결정을 미루는 이유와 내면의 심리는 다음과 같다.

의사결정을 미루는 이유와 내면 심리

겉으로 드러내는 이유	내면의 심리 상태	대표적인 행동 패턴	팀에 미치는 영향
"조금만 더 지켜보자."	실수에 대한 두려움	문제 발생을 우려해 판단을 유보한다	실행력 저하, 타이밍 상실
"윗분들 반응이 나올 때까지 기다리자."	위로부터의 기대에 대한 압박감	방향은 정했지만 상급자의 반응을 기다린다	리더십 자율성 약화
"다양한 의견을 더 들어보자."	모두를 만족시켜야 한다는 부담감	불확실성이 존재한다고 생각되면 결정 자체를 유예한다	방향성 상실, 피로도 증가
"지금 결정하긴 이르다."	완벽주의, 정보 부족에 대한 불안함	충분한 설득과 합의가 될 때까지 기다린다	판단력 약화, 의사결정 지연
"갈등이 생기면 어쩌지."	불만이나 반발을 두려워함	결정의 부담을 피하기 위해 중요한 결정을 계속 미룬다	책임 회피 문화 확산
"뭘 먼저 해야 할지 모르겠다."	복잡함에 압도됨	민감한 사안을 뒤로 미루고 우선순위를 못 정한다	업무 혼선, 실행 혼란

그 어떤 이유든 결정을 미루는 동안 팀은 흔들린다. 리더는 리스크를 줄이기 위해 망설이지만 그 멈춤은 오히려 팀을 더 큰 불확실성과 혼란이라는 리스크로 몰아간다.

"팀장님께서 아직 생각 중이라고 하셨어요."

"팀장님이 결정을 안 하시니 저희도 손을 놓게 돼요."

"일 터지면 결국 우리가 수습하겠죠."

리더가 기억해야 할 점

의사결정을 미루는 것도 하나의 결정이다. 그리고 그 책임은 리더에게 있다.
미뤄진 결정은 팀의 불안을 키우고 리더에 대한 신뢰를 흔든다.

팀은 리더의 정답보다 방향을 기다린다.
완벽한 판단보다 중요한 건 불완전한 상황에서도 책임 있게 결정하는 일이다.

WHY LEADERS FALL

소통 없는 결정
설명하지 않는 리더

"이건 위에서 정해진 일이야."

"일단 따르자. 나중에 다 설명할게."

"지금은 말하기 곤란해. 그냥 이렇게 진행해 줘."

리더는 의사결정을 내렸다. 하지만 그 결정은 팀을 움직이지 못한다. 이유는 단 하나, 왜 그런 결정을 내렸는지 설명하지 않았기 때문이다.

팀원은 말한다.

"어제까지만 해도 이 방향이 아니었잖아요."

"뭔가 문제가 생긴 건가요?"

"왜 이렇게 하라는 거죠?"

의사결정이 팀을 움직이려면 결정의 내용뿐 아니라 맥락과 방향까지 공유되어야 한다. 아무리 옳은 결정도 설명이 없으면 '일방적인 지시'가 되고 팀은 리더의 말을 해석하느라 에너지를 소모하게 된다. 결국 설명 없는 결정은 신뢰 없는 실행으로 이어진다.

설명 없는 결정, 팀이 해석을 만든다

"이번 기획안은 처음부터 다시 시작합시다." 정 팀장은 단호하게 말했다. 하지만 왜 다시 해야 하는지는 말하지 않았다.

이 과장은 중얼거렸다. "아마 상무님이 불만이었던 것 같아요."

장 과장은 의심했다. "최 차장님이 작성한 보고서에 뭔가 실수가 있었던 거 아냐?"

임 대리는 푸념했다. "역시 이번에도 우리가 회의 때 냈던 의견은 무시된 거네."

이유가 공유되지 않으면 팀은 해석하기 시작한다. 그 해석은 대부분 부정적이고 곧 소문이 되며 결국 리더십의 신뢰를 흔든다. 결정의 맥락을 설명하지 않는 리더는 팀원에게 불확실성을 떠넘기는 리더다.

협의 없는 결정, 팀을 소외시킨다

"이건 제 결정입니다. 그대로 따라주세요."

회의는 짧았고, 리더의 말만 있었다. 아무도 질문하지 않았고 그 누구도 의견을 내지 않았다. 리더는 말했다.

"별다른 의견이 없는 것 같네요. 다들 동의한 거죠?"

하지만 팀원들은 마음속으로 다르게 말하고 있었다.

"어차피 말해도 안 받아들이잖아."

"우린 그냥 지시대로 실행만 하면 되는 사람이지."

논의조차 없는 결정은 소통의 부재가 아니라 소외의 선언이다. 반복되는 독단적 의사결정은 팀원을 의견이 없는 존재로 만든다. 그리고 팀은 점점 말하지 않고 반응하지 않고 리더를 바라보는 눈빛만 차가워진다.

소통 없는 결정이 미치는 영향

리더의 결정 방식	팀의 정서적 반응	업무에 미치는 영향
배경 없이 방향만 지시	"우리 생각은 필요 없구나"라는 체념	수동적 업무 태도 확산, 주도성 상실
협의 없이 리더 혼자 판단	논의에서 배제되었다는 소외감	참여 의욕 약화, 의견 제안 감소
의견을 묵살하거나 무시	말해봤자 소용없다는 무기력	회의 무의미화, 침묵의 문화 형성

결국, 소통 없는 결정의 문제는 '의사결정 방식'의 문제가 아니다. 그 이면에는 팀원을 동등한 파트너로 보지 않는 리더의 태도가 자리 잡고 있다. '의견을 묻지 않는 결정'은 단지 빠른 지시가 아니라 '당신의 생각은 중요하지 않다'는 메시지로 전달된다. 리더가 결정의 배경을 설명하지 않고 의견을 물을 기회를 주지 않고 결정 이후의 반응에 무관심할 때, 팀은 점점 말하지 않고 느끼지 않고 움직이지 않게 된다. 구성원을 배제한 결정은 결코 탁월할 수 없다.

리더가 기억해야 할 점

설명 없는 결정은 불확실성을 남긴다. 협의 없는 결정은 소외감을 만든다.
빠른 의사결정보다 함께 참여했다는 감각이 더 오래 팀원들에게 남는다.
팀은 결정 자체보다 결정에 이르는 과정을 통해 리더를 판단한다.
의사결정의 정당성은 결과가 아니라 과정에서 만들어진다.

WHY LEADERS FALL

모든 결정을 리더가 할 수는 없다

리더는 종종 '모든 걸 알고 모든 걸 결정해야 한다'는 압박에 시달린다. 팀원들은 자주 "이건 팀장님이 판단해 주셔야죠.", "결정 나기 전에는 시작할 수 없어요."라고 말한다. 리더는 매 순간 결정을 요구받고 결국 혼자만 결정을 내려야 하는 구조에 갇힌 사람이 된다. 문제는 그 구조 자체가 리더를 소진시키고 팀을 수동적으로 만들며 리더십을 고립시키는 의사결정 과잉 리스크로 이어진다는 점이다. 이 글에서는 의사결정이 리더에게 집중되는 구조가 왜 위험한지 그리고 왜 리더가 '모든 결정의 독점'이 되어서는 안 되는지 살펴본다.

모든 결정이 리더에게 집중되는 팀의 풍경

"이건 팀장님께 여쭤봐야 해요."
"아직 지시가 안 내려와서 대기 중이에요."
"판단은 팀장님께서 해주셔야 하지 않나요?"

이 말들은 '권한 위임이 되지 않은 팀'의 단면이다. 결정을 독점하는 리더 아래에서 팀은 점점 수동적으로 변한다. 팀원은 스스로 판단하지 않고 리더의 지시를 기다린다. 리더는 모든 판단이 본인에게 집중된다는 사실에 부담을 느끼지만 동시에 그 구조를 바꾸지 못한다. 막상 팀원에게 판단을 위임하자니 불안하고 실수에 대한 책임도 떠오른다. 그러다 보니 '내가 빠지면 일이 돌아가지 않는다'는 인식이 당연한 신념이 되어버린다. 겉보기엔 리더의 '욕심' 같지만 그 뿌리는 훨씬 깊다. 다음은 리더가 모든 결정을 하게 되는 주요 원인들이다.

리더가 모든 결정을 하게 되는 이유

구분	리더의 인식	팀의 반응	누적된 결과
통제 욕구	내가 직접 해야 실수 없이 처리된다	기다리거나 수동적으로 대응	리더의 과부하, 팀의 판단력 저하
불신 기반	팀원이 아직 혼자 판단하긴 어렵다	"어차피 내가 결정해봤자 그대로 되지 않아."	팀원 주도성 상실, 일을 통한 학습 기회 상실
의사결정 속도 강박	내가 정하는 게 더 빠르다	의견 제시 포기	의존적 문화 고착
승인 문화	내가 승인해야 책임이 명확하다	무조건 보고하고 지시를 기다림	결재 지연, 보고의 과잉
전문성 과신	이건 내가 제일 잘 안다	"팀장이 어차피 정할 거야."	지식 편중, 협업 약화

이 구조가 오래 지속되면 팀은 스스로 문제를 해결할 기회를 잃고 리더는 점점 더 결정의 늪에 빠지게 된다.

결정 과잉이 초래하는 리더십 리스크

모든 결정을 리더가 하는 조직은 다음과 같은 리스크를 안고 있다.

· 리더의 과부하 : 실무, 판단 부담, 책임 과잉, 심리적 번아웃

· 팀의 판단력, 주도력 약화 : 주도성, 문제 해결력 저하

· 속도는 빠르지만 단편적인 조직 : 다양한 의견 수렴 부족, 대안 수립 결여

· 위기 대응력 약화 : 리더 부재 시 아무도 판단하지 못하는 조직

   리더는 모든 결정을 혼자 내리는 사람이 아니라, 팀이 함께 판단하고 실행할 수 있는 구조를 설계하는 사람이어야 한다. 의사결정의 일부를 나누는 순간 팀은 리더의 부담을 함께 짊어지는 파트너가 되고 리더십은 자연스럽게 팀원에게 확장된다.

리더가 기억해야 할 점

모든 결정을 리더가 내리는 구조는 리더를 가장 빠르게 고립시킨다.
팀원에게 판단을 맡기는 것은 방임이 아니라 성장의 기회를 주는 것이다.
의사결정 권한을 나누는 것은 권한의 포기가 아니라 리더십의 확장이다.
자율성과 판단력을 키우지 못한 팀은 리더의 부재 시 표류하고 무너진다.

WHY LEADERS FALL

함께 판단하고
함께 결정하는 리더

"모든 결정을 리더가 내리지 않아도 되는 팀."

이는 이상적인 조직에 대한 환상이 아니다. 오히려 현실적인 고성과 팀이 갖춘 조건 즉 '건강한 의사결정 구조'의 징표다. 의사결정 리스크는 리더가 고립된 채 판단할 때 발생한다. 반대로 팀이 함께 상황을 해석하고 의견을 나누며 결정의 책임을 나누는 구조가 만들어진다면 리더의 부담도 조직의 흔들림도 줄어든다. '함께 결정할 수 있는 팀'이라는 믿음은 단순한 협업 차원의 문제가 아니다. 그것은 신뢰에 기반한 결정 구조를 설계하는 일이며 리더십을 분산이 아닌 확장의 관점으로 바라보게 한다.

의사결정은 '팀과의 과정'을 통해 만들어진다

"이건 함께 고민하고 협의해서 판단해 봅시다."

이 한마디가 리더십의 깊이를 결정짓는다. 팀원들이 실무의 핵심 정보를 가장 잘 알고 있는 만큼 리더는 결정의 책임을 지되 판단의 기반은 팀과 함께 만들어야 한다. 리더는 이렇게 말할 수 있어야 한다.

· "이 안건은 영업 현장을 가장 잘 아는 여러분의 판단이 더 중요해요. 함께 방

향을 정했으면 좋겠습니다."
· "각자의 입장에서 보는 다양한 관점이 큰 도움이 됩니다."
· "먼저 여러분의 생각을 듣고 싶습니다."

함께 판단하는 리더는 이렇게 말하고 귀 기울여 듣고 결국 팀원들의 말에서 실행의 단서를 찾는다. 의사결정의 시작부터 팀을 참여시킬 때 팀은 수동적 수행자가 아니라 함께 방향을 정하고 실행을 이끄는 주체로 움직인다.

함께 판단하고 함께 결정하는 리더의 말

리더의 말	기대 효과
"이 문제에 대해 어떻게 생각하세요?"	다양한 관점을 나누며 결정의 사각지대를 줄인다
"이 안건은 우리가 함께 고민해서 결정해야 한다고 생각해요."	결정에 대한 책임감과 소속감이 생긴다
"내가 보지 못한 부분이 있을 거예요. 꼭 말해주세요."	리더의 열린 태도가 팀의 심리적 안전감을 높인다
"우리가 함께 결정할 수 있다면 결과도 함께 만들어 갈 수 있어요."	실행력과 주인의식이 강화된다

단순한 의견 수렴을 넘어 의사결정의 출발점부터 팀을 참여시키는 리더의 말은 리더를 고립에서 구하고 팀을 살아 움직이게 만든다.

리더는 함께 책임을 완수하는 파트너다

리더의 일방적인 판단은 팀원과의 충돌을 낳거나 팀원에게 소외감을 들게 하지만 함께 만든 결정은 '우리의 결정'이 되고 실행은 '우리의 실행'이 된다. 팀이 의사결정 과정에 참여할 때 업무 몰입도는 자연스럽게 높아진다. 그리고 그 과정 속에서 리더는 더 이상 '고립된 판단자'가 아닌 '함께 책임을 나누고 완수하는 파트너'로 자리매김하게 된다.

리더가 기억해야 할 점

의사결정은 결과가 아니라, 팀과 함께 만들어가는 과정이다.
함께 만든 결정은 '우리의 결정'이 되고 실행은 '우리의 실행'으로 이어진다.
리더는 판단을 독점하는 존재가 아니라 책임을 함께 짊어지는 파트너다.

6장

평판 리스크
- 만들어진 이야기

리더는 늘 지켜보고, 평가받는다

　말하지 않아도 리더의 태도는 팀 안팎에 고스란히 전해진다. 리더가 '무엇을 말했는가'보다 '어떻게 말했는가'가 더 오래 기억된다. 한 번의 회의, 한 마디의 피드백, 무심한 말버릇 하나가 '그 리더는 이런 사람이다'라는 이야기를 만든다. 그 인식은 팀 밖으로 퍼져나가고 때로는 실제와 다르게 리더와 리더십을 규정한다. 이것이 평판 리스크다. 이 평판은 리더에 대한 누적된 인상과 정서적 경험이 만들어낸 또 다른 리더의 모습이다.

　이 장에서는 말보다 먼저 퍼지는 평판의 힘, 팀 밖에서부터 시작되는 리더십의 해석, 리더와 팀이 함께 만들어낸 이미지 그리고 무너진 평판을 회복하는 리더의 언어까지 평판 리스크의 전개와 회복의 실마리를 살펴본다. 당신은 어떤 이야기를 만들어내고 있는 리더인가?

WHY LEADERS FALL

말보다 먼저 평판이 움직인다

리더는 공식적으로 무언가를 말하거나 행동하기 전에 이미 판단 받고 있다. 리더의 태도와 분위기는 팀원들에게 고스란히 전달된다. 퍼지는 것은 정확한 사실이 아니라 리더에 대한 '느낌'과 '정서적 인상'이다. 회의 중 잠시 찡그린 무심한 표정, 피드백할 때 내뱉은 화가 섞인 말투, 회식 자리에서의 신경질적인 반응 하나까지도 팀원들은 기억한다. 그리고 이 인상은 리더의 의도와는 상관없이 팀원들 각자의 감정과 해석을 거쳐 퍼져나간다.

리더에 대해 들리는 평판 사례

- "팀장님은 기분 따라 행동한다더라."
- "회의 때마다 눈치 보게 만든다더라."
- "피드백이 아니라 면박을 준다더라."
- "실적밖에 모르는 사람이라더라."
- "잘 모르는 걸 아는 척하더라."
- "말은 번지르르한데, 행동은 다르더라."
- "자기 사람만 챙긴다더라."

- "실수하면 공개적으로 망신을 준다더라."
- "회의 때는 듣는 척하는데 결국 자기 뜻대로 한다더라."

이런 말들은 대부분 비공식 대화를 통해 조용히 퍼지는 개인적, 감정적 느낌인 경우가 많은데 이런 대화가 팀 안팎으로 퍼지며 리더에 대한 이미지를 굳혀간다. 리더는 해명할 기회조차 갖지 못한 채 이미 하나의 '이야기'가 되어 버린다.

☞ 평판이 형성되고 퍼지는 흐름

- 리더의 무심한 언행이 누군가에게 해석된다.
- 해석된 인상이 팀원 간에 공유된다.
- 그 공유가 반복되면서 조직 전체로 확산된다.
- 어느 순간 리더와 리더십에 대한 평가로 굳어진다.

리더의 행동이 충분히 설명되지 않거나 맥락 없이 전달되면 팀원들은 각자의 관점과 감정에 따라 다르게 해석한다. 이 과정에서 형성된 부정적 감정은 긍정적 감정보다 훨씬 더 빠르고 강하게 확산된다. 특히 부정적 경험은 "조심하라"는 경고의 메시지로 공유되며 더 강하게 각인된다. 조직 내에서는 '경계해야 할 사람'에 대한 정보가 일종의 생존 본능처럼 빠르게 전파되기 때문에 부정적 평판은 리더십에 치명적인 영향을 끼친다. 결국 리더는 본인이 인식하기도 전에 자신에 대한 해석과 평가가 팀 안팎에 깊숙이

뿌리내린 현실과 마주하게 된다.

평판 리스크의 핵심 포인트

- 평판은 '정확한 사실'이 아니라 '감정과 해석의 총합'이다.
- 평판은 리더의 의도와 무관하게 형성된다.
- 부정적 인상은 긍정적 인상보다 빠르고 강하게 퍼진다.
- 퍼지기 시작하면 리더 스스로 제어하기 힘든 영역이 된다.
- 구성원들에게 받아들여지는 인상이 리더십을 결정짓는다.

리더의 의도나 설명은 중요하지 않다. 팀원들의 정서적 기억, 그 해석과 느낌이 곧 리더에 대한 인상을 만들어낸다. 특히 부정적 평판은 긍정적 경험보다 빠르게 퍼지고 오래 남으며 때로는 사실보다 강한 현실이 된다. 리더는 이 점을 결코 가볍게 여겨서는 안 된다. 조직 안팎에서 형성된 평판은 리더십의 추진력에도 신뢰 기반에도 결정적인 영향을 미친다. 따라서 리더는 '성과'만큼이나 '어떤 인상을 남기고 있는가'를 끊임없이 점검해야 한다.

리더가 기억해야 할 점

리더의 평판은 말이 아니라 정서적 기억으로 형성된다.
평판은 리더십을 키우기도 하고 무너뜨리기도 한다.
리더는 '성과'뿐만 아니라 내가 '어떤 인상을 남기고 있는가'도 세심하게 살펴야 한다.

WHY LEADERS FALL

팀 밖에서 시작된 이야기

"나는 꽤 괜찮은 리더라고 생각했는데, 어느 날 다른 팀에서 들려온 이야기를 듣고 정말 놀랐습니다. 믿기지 않았어요."

많은 리더들이 경험한다. 본인은 분명 잘하고 있다고 생각했지만, 어느 날 전혀 예상하지 못한 곳에서 자신의 평판을 듣게 된다. "그 팀은 분위기가 좀 무겁고 팀원들의 표정이 어둡다고 해요.", "그 팀장님은 엄청 까다롭다는 얘기를 들었어요.", "회의할 땐 말하기 어려운 분위기래요." 같은 말들.

리더십은 팀 안에서만 형성되지 않는다. 리더에 대한 평판은 오히려 팀 밖에서 먼저 더 크게 확산되는 경우가 많다. 이유는 간단하다. 내부 팀원은 리더 앞에서는 조심하지만 팀 밖 직원들에게는 리더에 대해 훨씬 더 적나라하고 직설적으로 말하기 때문이다. 좋은 이야기보다 불편했던 경험, 감정적으로 상처받았던 순간, 실망스러웠던 기억이 훨씬 빠르고 강하게 회자된다.

평판은 때때로 외부에서 먼저 감지된다

대부분의 리더는 '우리 팀 분위기는 괜찮은 편이야'라고 생각한다. 하지만 리더에 대한 이야기는 드물지 않게 팀 밖에서 먼저 감지된다. 특히 다음과 같은 상황에서 외부 평판은 빠르게 형성된다.

- · 타 부서와의 회의나 협업 자리 : 리더의 말투, 표정, 반응, 설명 방식 하나하나가 외부 직원들의 기억에 남는다.
- · 팀원들의 사내 네트워크 : 내부 불만은 팀장 앞에서는 드러내지 않지만 다른 팀 동료나 사내 커뮤니티에서는 감정 섞인 언어로 표현된다.

팀원들은 리더에게는 말을 가려서 하지만 팀원끼리 또는 다른 팀 동료에게는 리더에 대한 불만이나 인상을 훨씬 더 솔직하게 표현한다. 그 내용은 대부분 부정적인 감정에 기반한 이야기이고, 정서적 공감을 얻으며 퍼져나간다. 존중, 배려, 공정함 같은 긍정적 언행은 쉽게 공유되지 않지만 불편한 경험과 감정은 공통의 스트레스로 빠르게 확산된다. 그 과정에서 리더 개인에 대한 평가뿐 아니라 그 팀 전체에 대한 이미지도 왜곡되기 시작한다.

"그 팀은 리더뿐 아니라 팀원들도 서로 무관심하고 개인주의적이라고 하더군요."

"회의할 때 말하는 사람은 정해져 있고 대부분은 그냥 수동적으로 듣기만 한다고 들었어요."

"팀 전체가 매우 수직적이고 일방적인 구조 같더라고요."

같은 말들이 리더를 넘어서 팀 자체에 덧씌워진다.

팀 밖에서 시작된 이야기 팀 안으로 돌아오다

외부의 말이 문제인 이유는 그것이 다시 팀 안으로 돌아온다는 점이다.

"다른 팀이 우리 팀을 그렇게 본대요.", "팀장님에 대해 이렇게 얘기하더라."라는 말은 팀원들에게 심리적 충격을 준다. 그 이야기는 리더가 통제할 수 없는 방식으로 리더십에 금을 내기 시작한다. 이때 팀원들은 복잡한 감정을 느낀다. 한편으로는 리더에 대해 평소 갖고 있던 불만에 대해 동조하면서도 다른 한편으로는 내가 속한 팀이 외부로부터 안 좋은 평가를 받고 있다는 생각에 자존심이 상한다. 외부의 부정적 평가는 리더 개인에 대한 반감과 팀 전체에 대한 자신감 저하와 위축감을 동시에 유발한다.

☞ **부정적 평판이 팀에 미치는 영향**
- 자존감 하락 : '우리 팀이 이런 식으로 평가받고 있구나'라는 인식이 퍼지며 팀의 사기가 떨어진다.
- 리더에 대한 신뢰 약화 : 외부의 안 좋은 시선으로 인해 리더에 대한 부정적 인식이 강화된다.
- 내부 결속력 저하 : 외부로부터 받은 이미지가 구성원들에게 내면화되면서 팀에 대한 애착이 줄어든다.
- 협업 태도 변화 : 팀원들이 타 팀과의 협업 시 소극적이고 방어적으로 변한다.

외부에서 형성된 평판은 단순한 평가에 그치지 않는다. 그것은 팀 내부의 분위기, 업무 몰입도, 심지어 팀에 대한 애착과 충성심까지 흔들어 놓는다. 특히 팀원이 외부 평가를 기정사실화하는 순간 리더십의 기반은 흔들리기 시작한다. 신뢰의 균열은 내부의 문제처럼 보이지만 실제로는 외부 평판에 의해 먼저 금이 가는 경우가 많다.

리더가 기억해야 할 점

팀 밖에서 만들어진 인식이 팀 안의 신뢰를 결정짓는다.
외부 평판은 사실 여부와 상관없이 내부 분위기를 바꾼다.
리더십은 팀을 넘어 조직 전체가 함께 만들어내는 '해석의 구조물'이다.
리더뿐 아니라 팀 전체의 이미지도 함께 소비된다.

WHY LEADERS FALL

평판은 리더 혼자 만들지 않는다

"우리 팀장님은 무뚝뚝하고 좀 무섭긴 한데, 사실 우리 팀원들 자체가 말이 없고 분위기가 약간 경직돼 있긴 해요."

이 말은 리더에 대한 평판과 팀 전체 분위기 사이의 관계를 보여준다. 팀원의 태도, 팀의 문화, 분위기 등은 리더의 평판 형성에 큰 영향을 미친다. 평판은 리더 한 사람의 문제가 아니다. 팀이라는 유기체가 함께 만들어낸 결과다. 리더는 자신의 말과 행동을 통제할 수 있다. 하지만 팀원들이 어떻게 반응하고 어떤 분위기를 형성하는지는 통제하기 어렵다. 문제는 외부에서는 그 구분을 하지 않는다는 점이다. 외부에서는 팀의 분위기를 곧 리더의 리더십으로 받아들인다.

팀의 분위기는 리더에 대한 평가로 이어진다

"그 팀은 굉장히 폐쇄적이래요."
"그 팀의 회의에는 질문이 아예 안 나온대요."
"그 팀원들은 조용하고 말이 없어요."

이러한 평가는 단순히 팀의 분위기에 대한 이야기가 아니다. 외부에서는 이를 리더가 그런 문화를 만들었기 때문이라고 해석한다. 리더가 침묵을 유도하지 않았더라도 팀이 조용하다면 "할 말을 잘 못 하게 하는 분위기인가?"라는 의심이 따라붙는다. 결국 팀의 분위기와 커뮤니케이션 방식은 고스란히 리더의 리더십으로 해석된다. 팀은 리더의 말보다 먼저, 리더를 설명한다.

평판은 구성원을 통해 확장되거나 왜곡된다

팀원이 어떤 방식으로 리더를 표현하고 외부에 어떤 이야기를 흘리는가에 따라 리더의 인상은 전혀 다르게 전달될 수 있다.

"우리 팀장님은 정말 꼼꼼한 편이에요."라고 말할 수도 있고

"우리 팀장님은 세세한 것까지 너무 집착하세요."라고 말할 수도 있다.

같은 사실도 어떤 말투와 맥락에서 전달되는가에 따라 리더의 평판은 크게 달라진다. 더 중요한 건 팀원이 외부의 사람들에게 리더를 평가하는 순간 리더는 팀 밖의 사람들의 입을 통해 정의된다는 점이다.

평판은 '팀 문화'와 함께 형성된다

리더의 평판은 리더 개인의 언행만으로 형성되지 않는다. 진짜 평판은 그 리더를 둘러싼 구성원 간의 분위기, 회의 문화, 커뮤니케이션 방식 등 팀 전체의 행동이 외부에서 하나의 이미지로 인식된다. 외부에서는 리더 한 사람을 보는 것이 아니라 그 리더가 이끄는 팀의 언어와 표정, 에너지를 통해 리더십을 해석하게 된다. 이것이 '리더의 평판은 리더 혼자 만들지 않

는다'는 말의 진짜 의미다. 팀의 침묵과 위축, 무기력과 방어적 태도는 곧 리더십의 그림자를 고스란히 반영하는 무언의 피드백이 된다.

리더가 기억해야 할 점

팀의 분위기는 리더보다 먼저 리더를 말해준다.
구성원이 외부에 던지는 말 한마디가 리더의 이미지를 바꾸고 평판을 만든다.
리더십은 리더의 말과 행동만이 아니라 팀이 드러내는 전체적인 인상으로 해석된다.

WHY LEADERS FALL

평판을 회복하는 리더의 언어

"팀장님 말 한마디에 팀 분위기가 달라졌어요."

이 말은 결코 과장이 아니다. 리더의 언어는 단지 정보를 전달하는 수단이 아니라 관계를 복원하고 신뢰를 회복하는 핵심 도구가 될 수 있다. 특히 평판 리스크가 이미 퍼진 상황이라면 리더의 말은 더 이상 해명이 아니라 해석을 바꾸는 계기가 되어야 한다.

우리는 리더의 말보다 먼저 퍼지는 평판, 팀 밖에서 만들어진 이야기, 그리고 팀 전체가 함께 만든 리더십 이미지까지 살펴보았다. 이제 중요한 건, 그 이미지를 어떻게 회복할 것인가다.

같은 메시지도 어떻게 말하느냐에 따라 전혀 다른 반응을 낳는다. "이건 왜 이렇게 처리했어요?"와 "혹시 이렇게 처리한 이유를 알 수 있을까요?"는 언뜻 보기에는 같은 질문이지만 전달되는 감정은 완전히 다르다. 전자는 지적처럼 들리고 후자는 존중으로 다가온다. 리더의 언어는 팀이 가진 해석의 프레임을 바꾸는 시작점이다. 말투 하나로 대화가 열리기도 하고 침묵이 시작되기도 한다. 팀원을 존중하며 질문하는 순간 팀원은 편안함을 느끼고 대화를 시작한다. 반대로 단정적이고 닫힌 말투는 팀원들을 움츠러

들게 하고, 침묵을 낳는다.

평판을 바꾸는 건 해명이 아니라 지금 이 순간의 반응이다

이미 리더에 대한 부정적 이미지가 생긴 상황에서 "그게 아니었다"고 해명하는 말은 종종 변명으로 들리고 오히려 거리감을 키운다. 중요한 것은 과거에 대한 설명이 아니라 지금 이 순간 팀원과의 접점에서 어떤 반응을 보이는가다.

- · 불편한 질문을 회피하지 않고 받아들이는 자세
- · 실수를 숨기지 않고 인정하는 한마디
- · 변명보다 사과를 먼저 꺼내는 용기
- · 감정을 고려한 사려 깊은 피드백

이런 작지만 반복적인 리더의 태도는 팀원에게 '리더가 변하려 한다'는 메시지를 전달한다. 팀원들은 리더의 설명보다 리더가 비판받았을 때, 실수했을 때, 당황했을 때 어떻게 반응했는지를 더 오래 기억한다.

팀 안에서 다시 만들어지는 리더의 평판

평판은 팀 밖으로 퍼지지만 회복은 오직 팀 안에서만 가능하다. 리더는 팀원들의 표정, 말투, 행동 그리고 미묘한 분위기까지 민감하게 읽고 그에 맞는 언어로 반응할 수 있어야 한다.

"요즘 우리 팀 분위기가 어떤지 궁금해요.", "혹시 오늘 회의에서 제가 불편하게 했던 부분이 있었다면 편하게 이야기해 주세요.", "제가 이 부분에 대해서 너무 단정적으로 말했던 것 같아요. 미안합니다."

이러한 언어는 단지 예의가 아니라 팀이 리더를 다시 해석하게 만드는 계기다. 팀은 리더의 말과 행동을 통해 리더를 새롭게 판단한다. 그리고 그 순간, '리더가 기대하는 평판'이 복원되기 시작한다.

리더가 기억해야 할 점

평판은 소리 없이 넓게 퍼지지만 리더의 언어로 회복할 수 있다.
평판을 바꾸는 말은 거창한 비전이 아니라 작지만 반복되는 존중과 배려의 언어에서 시작된다.
리더의 평판은 리더를 왜곡시키기도 하고 리더십을 강화시키기도 한다.

7장

전략 리스크
- 전략은 있어도 함께 가는 힘이 없다

리더는 실행 가능한 전략을 세웠다고 말한다. 연간 목표 수준도 적절하고 실행 계획 내용도 세부적이며 팀 전체와 충분히 협의하고 공유도 했다고 생각한다. 하지만 팀은 말한다.

"이게 왜 우리의 전략인지 모르겠어요."

"우리는 그저 팀장님의 지시에 따라 움직이고 있을 뿐이에요."

전략은 사업 계획 문서에 잘 정리되어 있지만 선명한 방향성은 보이지 않는다. 계획은 있지만 함께 가는 힘이 없는 것이다. 이것이 바로 전략 리스크의 전조다. 모든 리더는 전략 수립에 집중한다. 목표를 설정하고 세부 실행 계획을 정리하고 자원을 배분한다. 전략 워크숍을 통해 회사의 경영 전략을 공유하고 그에 부합하는 팀의 전략을 수립한다. 그 과정에서 리더가 절대 놓쳐서는 안 되는 것이 있다.

전략을 움직이는 것은 '계획'이 아니라 '사람'이다

전략 리스크는 전략 그 자체에서 발생하지 않는다. 리더가 전략 수립 전 과정을 팀과 함께 설계하고 실행하고 필요할 때 조정하는 '관계 기반의 리더십'을 발휘하지 못할 때 발생한다. 이 리더십이 빠진 전략은 문서 속에만 존재할 뿐 현실에서는 작동하지 않는다. 팀은 방향을 잃고 에너지를 잃고 결국 멈춰버린다. 많은 리더가 '함께 만든 전략'이라고 믿지만 팀원들은 그것을 '내 일'이라고 받아들이지 않는다. 형식적으로 참여했을 뿐 그 배경과 의미를 충분히 이해하지 못했거나 팀의 현실과는 동떨어져 있다고 느끼기 때문이다. 리더의 진짜 역할은 방향을 정한 뒤 그것이 팀원 각자에게 실제로 연결되어 실행되고 있는지를 지속적으로 확인하는 데 있다. 특히 지금처럼 변화가 빠르고 불확실성이 큰 환경에서는 한번 수립했다고 끝나는 것이 아니다. 방향 설정만큼 중요한 것은 그 여정을 함께 점검하고 조율해 가는 리더십이다.

전략은 방향을 정하는 것보다 방향을 함께 조율해 나가는 과정이다

리더는 전략 실행 과정에서 팀과 함께 호흡하고 흐름을 읽고 필요할 때마다 방향을 함께 조정할 수 있어야 한다. 이 상호작용이 약해질수록 전략은 현실과 멀어지고 실행력은 점점 떨어진다. 전략이 실패하는 이유는 전략이 나빠서가 아니라 리더가 그것을 팀과 함께 이끌어갈 수 있는 '관계의 힘'을 잃었기 때문이다.

이 장에서는 전략을 수립하는 과정에서 "리더는 팀을 진짜 참여시키고 있었는가?", "실행의 한 가운데에서 리더는 함께 움직이고 있었는가?", "변화의 흐름 속에서 전략은 팀원 각자에게 적절히 조정되고 있었는가?", "그 모든 과정 속에서 리더와 팀원들은 같은 방향에 있다고 느끼고 있었는가?" 이 질문들을 따라가며 전략 리스크가 어디로부터 비롯되었는지를 살펴본다.

WHY LEADERS FALL

전략 실행에서 사라진 리더

리더는 말한다.

"방향은 충분히 공유했고 팀원들도 목표와 실행계획이 현실적이고 진행 가능하다고 동의했어요."

하지만 막상 업무가 본격적으로 시작되자 팀의 반응은 달라졌다.

"이게 왜 지금 중요한 건지 모르겠어요."

"그땐 좋다고 했지만 막상 하려니 어디부터 시작해야 할지 막막해요."

"결국 팀장님이 생각한 대로 흘러가는 거잖아요."

계획은 그대로였지만 실행은 어딘가 어긋나기 시작했다. 리더는 '하기로 정해졌으니 이 정도는 알아서 진행하겠지'라고 기대했지만 팀은 오히려 속도를 늦추고 있었다.

실행 단계에서 리더가 사라질 때 생기는 일

전략 수립 후 리더의 관심이 줄어드는 순간이 있다. '계획은 세웠고 이제 실행은 팀이 알아서 할 일'이라고 믿을 때다. 하지만 전략은 워크숍이 아니라 현장에서 완성되는 것이다.

- 예기치 않은 변수들이 발생할 때
- 우선순위에 혼선이 생길 때
- 외부의 변화로 전략 자체의 수정이 필요한 상황일 때

이때 팀은 리더를 바라본다. 그런데 리더가 보이지 않는다면 전략은 '함께 가는 방향'이 아니라 '맡겨진 과제'가 되고 만다. 리더가 부재한 실행 현장은 다음과 같은 흐름을 만든다.

- 팀은 방향을 스스로 해석하거나 추측해야 한다.
- 판단 기준이 불분명해지고 조심스러움과 침묵이 늘어난다.
- 누군가는 "하라는 대로만 하자"고 말하며 전략의 의미나 맥락은 사라진다.
- 결국 팀은 그 전략을 자신의 일로 받아들이지 않게 된다.

리더가 일의 의미를 꾸준히 대화로 연결해 주지 않으면 전략은 점점 형식적인 계획표로 전락하고 팀은 방향성과 추진력을 동시에 잃는다.

리더는 일에 대한 해석자이자 실행의 동반자다

리더는 전략을 수립하는 데에 그치지 않는다. 실행의 전 과정에서 방향과 의미를 함께 짚어주는 해석자의 역할을 해야 한다. 특히 리더의 질문은 우선순위 결정, 상황 해석, 동기 부여 등에 직접적인 영향을 미친다. 그 질문에 대해 팀원들이 스스로 생각하고 답을 내는 과정 속에서 전략의 방향성과 자신의 업무가 어떻게 연결되어 있는지를 체감하게 된다.

☞ **우선순위 판단이 필요한 상황**

- "여러 일들이 동시에 몰리고 있는데 지금 우리 전략에서 가장 중요한 건 뭐라고 생각하세요?"
- "이 선택이 우리의 핵심 목표에 얼마나 가까운가요?"
- "긴급한 일과 중요한 일 중 지금 전략상 먼저 해야 할 건 무엇인가요?"

☞ **방향성을 점검해야 할 때**

- "지금 우리가 가고 있는 길이 사업 전략의 큰 방향과 맞닿아 있나요?"
- "처음 세운 방향에서 벗어난 부분은 없을까요?"
- "이 업무 결과가 팀 목표에 어떻게 기여할 수 있을까요?"

☞ **팀원이 혼란을 느낄 때**

- "혹시 지금 전략이 애매하게 느껴지거나 왜 이걸 하는지 모호한 부분이 있다면 어떤 건가요?"
- "이 업무가 본인의 핵심성과지표와 어떻게 연결된다고 느끼시나요?"
- "제가 설명한 부분 중에 부연 설명이 필요한 부분이 있을까요?"

☞ **시장, 내부 상황의 변화가 생겼을 때**

- "이 변화가 우리 전략에 어떤 영향을 줄까요?"
- "A 사의 상품 전략에 변화가 생긴 것 같아요. 우리는 어떤 부분을 조정해야 할까요?"

- "새로운 정보 중에서 어떤 점을 주목해야 한다고 생각하나요?"

☞ 실행 과정에서 동기 부여가 필요할 때

- "이 일은 우리 팀에게 어떤 의미가 있을까요?"
- "지금 이 프로젝트가 회사의 경영 전략 안에서 어떤 역할을 하고 있다고 느끼세요?"
- "이 일을 끝냈을 때, 어떤 보람이 느껴질까요?"

☞ 전략이 팀의 일상에 스며들었는지 확인할 때

- "요즘 일하면서 '우리만의 차별화된 전략이 작동하고 있다'는 느낌이 드나요?"
- "지금 하는 업무가 단지 지시 사항처럼 느껴지나요, 아니면 중요한 사업 계획의 일부라고 생각되나요?"
- "우리가 세운 전략이 실제 업무 안에서 어떻게 실행되고 있다고 느끼시나요?"

이 질문들은 단순한 확인이 아니다. 리더가 전략을 해석하고 팀과 연결하는 역할을 하고 있음을 보여주는 도구다. 팀원 입장에서는 "리더가 우리와 함께 방향과 해법을 고민하고 있다"는 심리적 연결감도 느낀다. 그것이 전략을 실행 가능한 현실로 바꾸는 시작점이다.

리더가 기억해야 할 점

전략은 워크숍에서 만들어지는 문서가 아니라 팀과 함께 완성해 가는 현장의 결과다.

계획은 공유할 수 있지만 의미는 리더가 곁에서 함께 움직일 때 새겨진다.

전략은 말로 설명하는 것이 아니라 리더의 질문과 반응을 통해 살아 숨 쉰다.

WHY LEADERS FALL

변화의 타이밍을 읽지 못하는 이유

"우리가 실패한 이유는 시장이 변해서가 아니라 그 변화의 타이밍을 놓쳤기 때문이다."

어느 날 갑자기 조직이 흔들리는 일은 드물다. 대부분은 '조짐'이 먼저 온다. 시장의 분위기가 바뀌고 고객의 반응이 달라지고 구성원들의 말끝에 미묘한 긴장감이 감지된다. 그러나 리더가 이를 읽지 못하면 조직은 이미 바뀐 판 위에서 예전의 전략을 반복하게 된다. 변화는 예고 없이 오지 않는다. 오히려 너무 일찍, 조용히 찾아온다. 리더는 눈앞의 성과에 집중하느라 더 이상 작동하지 않는 전략의 '유통기한'이 지났음을 놓친다. 그 순간, 전략은 더 이상 방향이 아닌 관성이 된다. 많은 리더가 전략적 감각이 부족해서 무너지는 것이 아니다. 문제는 타이밍이다. 이미 흐름이 바뀌었는데도 기존 전략을 고수하거나 혹은 변화의 시그널을 '현장의 불만' 정도로 치부해 버리는 태도. 바로 여기에 전략 리스크의 근본 원인이 숨어 있다.

변화의 흐름을 놓치는 리더

IT 솔루션 회사의 이 팀장은 시장 변화에 대한 내부 보고가 반복되자 이렇게 말했다.

"고객이 까다로워진 거지, 우리가 틀린 건 아니야."

그는 기존 솔루션이 '지속적으로 잘 팔려왔다'는 사실에 집착했고 계속해서 전략 수정을 제안 하는 팀원들에게는 "시장을 잘 읽지 못한다"라며 묵살했다. 몇 달 뒤, 주요 고객사는 경쟁사의 다른 제품으로 갈아탔다. 뒤늦게 사태를 인식한 이 팀장은 "왜 사전에 알아채지 못했냐"고 말했지만 이미 변화의 타이밍이 사라진 뒤였다. 이처럼 리더는 변화에 무관심해서가 아니라 변화의 '해석'을 잘못해서 흐름을 놓친다. 변화를 '위기'가 아닌 '불편'으로 다루는 순간, 리더십은 현실과 멀어진다.

전략 리스크는 대부분 방향이 틀려서 생기는 것이 아니다. 적절한 시점에 전략을 조정하지 못해서 발생한다. 시장 흐름은 바뀌고, 고객의 요구도 달라졌지만 전략은 여전히 과거의 기준 위에 멈춰 있다. 구성원들은 그 어긋남을 현장에서 날마다 체감하지만 리더는 여전히 "우리는 제대로 가고 있어"라고 확신한다. 전략의 유효성보다 리더 자신의 확신이 중심이 되는 구조. 이때, 리더는 변화의 타이밍을 놓치고 전략은 현실을 따라가지 못한다. 리더의 판단은 고립되고 전략은 경직된다. 그렇게 전략은 리스크가 된다.

'정보'는 있었지만 '감각'이 없었다

흔히 리더는 "나는 몰랐다"라고 말한다. 하지만 정확히 말하면 몰랐던 것이 아니라 느끼지 못했던 것이다. 정보는 있었고 숫자도 있었고 회의도 진행되었다. 문제는 현장의 온도 차를 피부로 느끼지 못했고 변화의 속도를 예측하지 못했다는 점이다.

이 리더십의 맹점은 다음과 같은 질문으로 드러난다.

- "지금 잘 되고 있는데 바꿀 이유가 있나?"
- "그건 아직 확정된 흐름이 아니야. 조금 더 지켜보고 판단하자."
- "현장 의견 다 반영하다가는 방향이 오락가락해. 오히려 현장에 혼란만 줄 뿐이야."

이런 말들은 변화에 대한 두려움이거나 리더 자신의 불확실성 회피에서 비롯된다. 하지만 리더가 불확실함을 외면할수록 팀은 더 혼란에 빠지고, 그로 인해 리스크는 확대된다.

변화 감지력을 높이는 리더의 실천

변화는 거창한 전략이 아니라 작고 미묘한 조짐을 포착할 수 있는 감각에서 시작된다. 리더는 모든 정답을 아는 사람이 아니라 방향을 먼저 감지하는 사람이어야 한다. 다음과 같은 실천은 전략 리스크를 줄이고 변화의 타이밍을 놓치지 않는 데 도움이 된다.

첫째, 현장의 목소리를 신호로 듣는다.

변화의 첫 번째 감지자는 대부분 조직의 가장자리에 있다. 현장의 직원, 고객 응대자, 막내 팀원 등은 중심부보다 빠르게 이상 징후를 느낀다. 리더는 그 목소리를 불만이나 저항이 아니라 전략 수정의 신호로 해석해야 한다.

둘째, 성과 지표가 아닌 반응을 먼저 읽는다.

숫자는 나중에 바뀌지만 사람의 반응은 먼저 감지된다. 고객의 반응, 팀원의 질문, 유관 부서의 피드백 같은 작은 변화의 징후를 놓치지 말아야 한다. 이런 반응의 흐름을 주기적으로 점검하고 팀과 그 의미를 함께 나누는 습관이 필요하다.

셋째, 변화 제안을 두려워하지 않는다.

전략은 고정된 계획이 아니라 변화에 따라 조정되는 살아 있는 방향성이다. 리더가 열린 태도를 보일수록 팀은 변화에 더 빠르게 반응하고 현실에 맞는 전략을 유연하게 조율할 수 있다.

리더가 기억해야 할 점

리더는 타이밍의 책임자다. 변화의 '시점'을 놓치는 무능은 방향을 잘못 잡는 것보다 더 치명적이다.
변화는 숫자가 아니라 팀과 현장의 목소리에서 먼저 감지된다.

WHY LEADERS FALL

전략을 움직이는 건
함께 가는 힘이다

"전략이 실패하는 이유는 전략이 나빠서가 아니다. 문제는 리더 혼자만의 것이 되어버린 순간에 시작된다."

전략은 회의실에서 시작되지만, 실행은 팀원들의 움직임 속에서 완성된다. 리더가 방향을 정하고 계획을 세운다 해도 팀이 함께 움직이지 않으면 전략은 종이 위에 머무를 뿐이다. 많은 리더는 실행이 잘 안되는 이유를 팀의 역량 부족이나 예상치 못한 외부 변수 탓으로 돌린다. 그러나 진짜 원인은 따로 있다. '함께 가는 구조'로 만들지 못한 리더십의 방식, 바로 그것이 전략 리스크의 핵심이다. 결국 전략 리스크는 전략 자체의 문제가 아니라 고립된 리더십의 결과다. 그리고 이 리스크에서 벗어나려면 전략을 다시 세우는 것보다 먼저 리더십의 전환이 필요하다. 혼자 끌고 가는 방식에서 함께 실현하는 리더십으로의 변화 없이는 어떤 전략도 살아남지 못한다.

전략의 공유자에서 공동 제작자로

전략은 리더와 소수의 팀원들이 완성한 뒤 팀원 전체에게 공유하는 방식으로는 결코 살아 움직이지 않는다. 그렇게 완성된 전략은 리더의 것이지 팀의 것이 아니다. 반면 전략을 함께 만든 팀은 더 이상 그 전략을 해석할 필요가 없다. 이미 그 과정에서 자신의 생각을 표현했고 동료들과 조율했으며 현실의 제약과 가능성을 반영했기 때문이다. 전략은 전달되는 것이 아니라 함께 내재화되는 것이다.

- 전략기획안은 팀원에게 전달할 문서가 아니라 함께 다듬어갈 열린 초안으로 시작하라.
- 전략 수립 회의에 모든 팀원이 담당자와 경험자 그리고 협력자로 참여하게 하라.
- "이 전략안에 우리 팀의 생생한 목소리가 들어 있는가?" 스스로에게 물어보라.

실행의 관리자에서 촉진자로

실행을 관리하려는 리더는 어느새 모든 문제의 해결사가 된다. 그 결과 팀은 점점 수동적이 되고 리더에게만 기대게 된다. 리더가 빠지면 실행도 멈추는 1인 중심의 추진 전략이 되어버린다. 리더는 실행의 중심에서 한 걸음 물러서되 팀이 주도적으로 움직일 수 있도록 촉진해야 한다.

- 실행의 모든 이슈에 개입하지 말고 팀이 판단하고 시도할 여지를 남겨라.
- 지시보다 질문을 하라. "이 전략이 계획대로 실행되려면 어떤 조건이 필요할까요?"
- 팀 내외 협업을 촉진하는 '연결자' 역할에 집중하라.

결과 중심의 지시자에서 경험 설계자로

많은 리더가 성공을 숫자로만 평가한다. 그러나 전략 실행이 남기는 가장 강력한 자산은 경험이다. 팀이 전략을 실행하면서 무엇을 배우고 느꼈는지 다음에 더 잘할 자신감이 생겼는지 알 수 없다면 팀은 성장하지 못하고 지치고 만다. 리더는 단순히 결과를 점검하는 사람을 넘어 그 과정에서의 성공 경험을 설계하고 되짚는 사람이어야 한다. 프로젝트나 과업은 끝나지만 그 안에 담긴 성장과 성찰의 경험은 팀의 노하우로 남아야 한다. 그것이 팀이 강해지는 길이다.

- 결과만 보는 브리핑 대신, 실행 중 배운 점을 함께 나누는 시간을 정기적으로 마련하라.
- 작은 성공은 빠르게 칭찬하고 실패는 학습 기회로 전환하라.
- "우리가 얻은 것은 무엇이고 다음을 위해 보완할 점은 무엇인가?" 질문하고 기록하라.

전략 리스크는 결국, 리더 혼자 가는 리더십이 만든 고립의 결과다. 이 고립은 전략의 실패로 이어지며 팀은 방향성과 실행력을 잃게 된다. 이 실패에서 벗어나는 길은 리더가 팀과 함께 고민하고 계획하며 스스로 움직일 수 있도록 촉진하고 지속적인 피드백과 조정을 통해 '함께 가는 리더십'을 실현하는 것이다.

리더가 기억해야 할 점

전략 리스크는 전략의 문제가 아니라 리더 혼자 가는 방식에서 비롯된 고립의 결과다.

전략 실행이 남기는 가장 강력한 자산은 그 여정을 함께 해낸 경험이다.

8장

윤리적 리스크
- 선을 넘는 순간의 대가

리더의 윤리적 일탈은 대개 커다란 사건으로 시작되지 않는다. 대부분 회의실에서, 회식 자리에서, 메신저 안에서 무심코 던진 말 한마디처럼 작고 일상적인 순간에서 비롯된다. '이 정도는 괜찮겠지', '다들 이렇게 해', '별문제 없었잖아'라는 생각이 리더십의 경계를 무디게 만든다.
　윤리적 리스크는 법적 처벌을 받을 정도의 위반만을 의미하지 않는다. 리더의 말과 행동이 팀의 신뢰를 해치고 관계를 왜곡시키며 조직 문화를 서서히 무너뜨리는 구조적 리스크다. 특히 리더는 영향력을 지닌 위치에 있기 때문에 같은 말도 리더가 하면 다르게 해석되고 같은 행동도 리더가 하면 팀에 더 큰 파장을 남긴다. 더 심각한 문제는 리더 자신이 '선'을 넘고 있다는 사실을 인식하지 못하는 데 있다. 본인은 여전히 '나는 팀을 위해 애쓰고 있다'고 생각하지만 팀원들은 점점 말이 줄고 거리를 두며 결국은 조직을 떠난다. 윤리적 리스크는 그렇게 침묵 속에서 자라고 회복 불가능한 신뢰 붕괴로 이어진다. 리더가 무심코 던진 말이 팀원에게 상처가 되고 회식 자리에서의 행동이 불쾌한 기억이 되며 사적인 부탁이 업무처럼 전달되는 장면은 결코 낯설지 않다. 문제는 이러한 상황이 '악의 없음'으로 포장

되면서 반복된다는 점이다. 리더는 자신의 의도와는 다르게 누군가에게 어떤 영향을 미치는지 항상 자각해야 한다.

윤리적 리스크는 단순한 실수가 아니다. 그것은 리더십의 기준이 무너지는 순간이며 그 순간부터 리더십은 조용히 그러나 빠르게 붕괴되기 시작한다.

WHY LEADERS FALL

일상의 권력 일상의 위반

윤리적 리스크는 특별한 상황에서만 발생하지 않는다. 오히려 대부분은 '아무렇지 않게' 반복되는 일상 속에서 벌어진다. 그것은 리더가 권력을 자각하지 못한 채 행사할 때 발생한다. 문제는 그 권력이 누군가에게는 상처이자 공포로 다가올 수 있다는 사실이다. 리더는 그저 "친근하게 농담한 것"이라고 생각하지만 팀원은 불쾌감과 무례함 혹은 모멸감을 느낀다. 리더는 "내가 팀원에게 관심을 표현한 것"이라고 생각하지만 팀원은 사적 간섭이나 부담으로 받아들인다. 리더의 말과 행동은 그것이 아무리 사소해 보여도 팀원에게는 '지시'나 '의미 있는 신호'로 해석된다. 이처럼 권력은 일상적인 순간에도 작동한다. 그리고 그 권력이 무분별하게 반복적으로 행사될 때 윤리적 리스크는 서서히 커진다.

지난달 회식 자리에 참석했던 박 과장이 이렇게 말했다.

"저한테 팀장님이 농담처럼 '요즘 얼굴이 보기 좋아 보이네요. 살 좀 찐 거 아닌가요?'라고 하셨어요. 그 자리에 있던 사람들은 다 웃었지만 전 정말 기분이 나빴어요. 그날 이후로는 회식 자리를 피하게 됐고 참석하더라도 말없이 소극적으로 앉아 있게 되더라고요."

이처럼 리더가 '친근함'이라 여긴 말 한마디도 공개적인 자리에서 권력을 가진 리더의 입에서 나왔을 때는 누군가 다르게 받아들일 수 있다. 윤리적 리스크는 '악의가 있었는가'보다 그 말과 행동이 누군가에게 어떤 영향을 주었는가에 따라 판단되어야 한다.

- 팀원이 늦게까지 남아 일하는데 "그래, 요즘 열정 있어서 보기 좋아요."라고 말한 리더는, 팀원이 퇴근하기 어려운 분위기를 만들고 있진 않은가?
- 회식 자리에서 술을 권하며 "내 성의를 봐서 한 잔 정도는 괜찮잖아요?"라고 말한 리더는, 무언의 강요를 하고 있진 않은가?
- 팀원에게 사적인 부탁을 하며 "이건 좀 도와줄 수 있겠죠?"라고 말한 리더는, 직위의 힘을 사적으로 이용하고 있진 않은가?

리더가 놓치기 쉬운 윤리적 리스크는 바로 이런 일상의 말과 행동에서 발생한다. 강압이나 명시적 위반이 없어도 위계에 기반한 일상적 압박과 불편이 누적되면 팀원은 결국 침묵하거나 피하게 된다.

윤리적 리스크 자가 점검 질문 예시

리더의 일상 언행에서 비롯되는 윤리적 리스크를 점검할 수 있도록 감각을 일깨우는 질문은 아래와 같다.

- 나는 내 말과 행동이 팀원에게 어떻게 받아들여질지 의식하고 있는가?
- 내가 한 말 중 다시 회수하고 싶은 말은 없는가?
- '악의는 없었다'는 말로 내 행동을 정당화한 적은 없는가?
- 나의 농담이나 사적인 질문이 성별, 연령, 외모, 가족 등 개인적인 영역을 침

범하고 있지는 않은가?
· 어떤 말이나 행동을 하고 나서 '이건 오해 없었으면 좋겠다'는 생각이 든 적은 없는가?
· 내가 자주 쓰는 표현 중 누군가에게 불편하거나 상처가 될 수 있는 말은 없을까?

리더는 언제나 권력을 지닌 채 일상 속을 걷는다. 문제는 자신은 평범하게 걷고 있다고 생각하지만 그 발자국이 누군가에게는 짓밟힌 흔적이 될 수 있다는 점이다. 리더는 '나는 그냥 편하게 말했을 뿐'이라 생각하지만 팀원은 '그 말을 잊을 수 없다'고 마음속에 남긴다. 이처럼 윤리적 리스크는 먼 데 있는 특별한 문제가 아니다. 바로 지금 리더의 일상에서 조용히 자라고 있다.

리더가 기억해야 할 점

리더의 말과 행동에는 언제나 '권력'이 담겨 있다는 사실을 잊지 마라.
악의 없는 말도 위계 위에서 작동하면 위반이 될 수 있다.
웃음 뒤에 숨은 침묵을 감지하지 못하면 신호는 조용히 사라진다.
'편하다'는 이유로 경계를 허무는 순간 윤리적 리스크는 시작된다.

WHY LEADERS FALL

회식은 여전히 위험하다

코로나19를 거치며 많은 조직이 회식 문화를 다시 정의했다. 빈도는 줄었고 강제적 참석은 자율 참여로 많이 바뀌었으며 '1차만 하고 끝내자'는 합의가 자리 잡고 있다. 과거처럼 밤늦게까지 이어지던 폭음 중심의 회식은 분명 줄어들었다. 겉보기엔 회식 문화가 훨씬 건강해진 것처럼 보인다. 하지만 그럼에도 불구하고 회식은 여전히 리더십 리스크의 그림자를 품고 있다. 겉으로는 자율이라 하지만 '리더가 주도하는 자율'은 때때로 조용한 강요가 되기 때문이다.

회식이 리더십 리스크의 관점에서 중요한 이유는 그 자리가 업무 밖에서 드러나는 리더의 영향력을 가장 선명하게 보여주는 공간이기 때문이다. 회식은 형식상 자율적이고 사적인 자리처럼 보이지만 실제로는 공적인 관계가 사적으로 연장된 자리다. 이때 리더의 말과 행동, 태도는 사무실보다 오히려 더 가감 없이 드러나며 팀원들은 그 안에서 리더의 진짜 모습을 체감하게 된다. 결국 회식은 위계와 거리감, 긴장감이 확연히 드러나는 사실상의 비공식적 업무 공간이다.

☞ '자율'이라는 말 뒤에 생기는 보이지 않는 기준선

· "와도 되고 안 와도 돼요. 본인 일정에 따라 자유롭게 참석하세요."라는 말 뒤에 '그날 분위기를 함께한 사람'과 '빠진 사람'의 암묵적 구분이 생긴다.
· 참석하지 않은 사람은 심리적 거리감을 느끼기 마련이다.

☞ 권력 구조는 여전히 존재한다

· 짧아진 회식이 문제를 줄이긴 했지만 술을 권하거나 사적인 질문을 던지는 리더의 태도는 여전히 팀원을 위축시키는 요인이 된다.
· 특히 신입이나 계약직 등 '약한 위치'에 있는 구성원에게는 소속감을 강요하는 자리가 되기도 한다.

☞ 리더는 편하지만, 팀원은 경계한다

· 리더는 분위기를 즐겁게 만들고자 농담을 건네지만 팀원은 그것이 어디까지 허용되는지 눈치를 보며 리액션한다.
· 회식은 '자유로운 자리'가 아니라 '공적 관계가 사적으로 연장된 공간'이 되기 쉽다.

구성원 중 일부가 회식에 불참한 후 알게 모르게 대화의 흐름에서 소외되는 경험을 하게 되는 경우도 많다. 회식 중 공유된 팀장의 의중, 팀원들 간의 농담, 정서적 연결감이 다음날 팀 내 분위기 형성에 영향을 줄 때 불참자는 정보와 관계에서 이중으로 소외된다. 회식에 참석하지 않았다는 이유만으로 구성원 간의 '온도 차'가 생기고 이는 자율 참여라는 원칙을 스스로 위반하는 구조가 된다. 리더는 스스로에게 자문해 봐야 한다.

- "와도 되고 안 와도 돼."라는 말을 한 뒤 나는 진심으로 똑같이 대하고 있는가?
- 회식 자리가 끝난 후 누가 함께 있었는지 기억하고 있는 내 자신을 인식한 적은 없는가?
- 내가 회식을 선호하는 이유가 정말 팀을 위한 것인가?
- 회식 자리에서 내가 던진 말과 행동을 회의실에서도 똑같이 할 수 있는가?

리더가 기억해야 할 점

사무실이 회식 자리로 바뀌었을 뿐 리더의 권력은 그대로 작동하고 있다.
회식 자리도 리더십의 연장선이다. 말과 행동 모두 기준을 넘어서는 안 된다.
윤리적 감각은 편한 자리에서 더 빛나야 한다.

WHY LEADERS FALL

침묵은 동조다

"팀원들끼리 무리한 농담을 주고받는 걸 봤어요. 솔직히 저도 불편했지만 분위기를 깨기 싫어서 그냥 웃고 말았죠. 그런데 점점 그 농담의 수위가 높아지더라고요. 함께 있던 팀장님도 별말이 없었어요."

이처럼 리더가 아무 말도 하지 않았다는 사실 자체가 문제의 일부가 되기도 한다. 리더의 무반응은 조직 내 기준을 낮춘다. 때로는 "그건 불편할 수 있어."라는 단 한마디의 말이 그 조직의 윤리적 수준을 지키는 마지막 경계가 된다. 리더는 종종 생각한다. "나는 그런 행동을 용인하지 않았다"고. 하지만 윤리적 리스크는 리더의 말이 아니라 침묵 속에서 커진다. 책임이 없다고 믿는 순간 리더는 이미 윤리적 리스크의 일부가 된다. 조직 안에서 누군가가 불편을 느끼는 말이나 행동이 반복되는데도 리더가 침묵한다면 그 침묵은 허락이다. 모두가 눈치채고 있지만 아무도 말하지 않을 때 리더마저 방관한다면 팀은 조용히 리더십에 대한 신뢰를 거둔다.

침묵은 중립이 아니다. 윤리적 침묵은 동조이고 때로는 공범이다.

리더의 침묵이 위험한 순간들

리더가 침묵할 때 그 침묵은 그저 '아무 말 하지 않음'이 아니다. 구성원은 리더의 말보다 리더의 반응을 더 예민하게 읽는다. 불편함이 감지되는 상황에서 리더가 아무 반응을 보이지 않으면 그 침묵은 승인 또는 동조로 해석된다. 문제는 윤리적 리스크가 바로 그러한 순간들에서 태어나고 자란다는 점이다. 다음은 리더의 침묵이 조직의 기준을 무너뜨리는 '경계선'이 되는 위험한 순간들이다.

- 사내 메신저나 팀 채팅방에서 외모나 성격에 대한 평가가 오가는데도 리더가 아무 말 없이 대화를 지켜볼 때, 그 공간은 소통이 아닌 조롱의 장이 된다.
- 사적인 농담이 반복되는데도 리더가 웃고만 있을 때, 팀원은 그 농담이 공식적으로 용인된 것이라 받아들인다.
- 거친 언행이 특정 팀원에게 향하는 걸 보면서도 리더가 모른 척할 때, 그 직원은 조직에서 보호받지 못한다는 무력감을 느낀다.
- 회식 자리에서 특정 팀원에게만 술을 권하는 분위기가 반복되는데도 리더가 제지하지 않을 때, 구성원들은 그것이 조직의 '관행'이라 여기게 된다.

이런 순간들에서 리더는 행동하지 않았지만 조직은 학습한다. "이 정도는 괜찮다", "다들 알고도 넘어간다"는 인식이 퍼질 때 윤리의 기준은 낮아지고 침묵은 문화가 된다. 리더의 침묵은 결국 조직이 허용하는 경계의 기준을 만들어낸다. 그렇기에 윤리적 리더십은 명확한 경고와 함께 개입하는 태도에서 시작된다.

윤리적 리스크 감지를 위한 질문 예시

말하지 않은 순간, 침묵했던 순간을 돌아볼 필요가 있다. 리더의 침묵은 종종 '묵인'으로 또는 '조직의 분위기'로 해석된다. 아래의 질문은 리더가 일상 속에서 놓치기 쉬운 윤리적 리스크를 스스로 감지하도록 돕는 출발점이다.

- 불편한 상황에서 나는 말없이 웃으며 분위기를 그냥 넘긴 적은 없는가?
- 팀원들 사이에서 반복되는 부적절한 행동을 '분위기'라는 이유로 외면한 적은 없는가?
- 불편함을 표현한 팀원이 오히려 눈치를 보게 되는 분위기를 방치하고 있지는 않은가?
- 나는 침묵했지만 팀원들은 그것을 '괜찮다는 신호'로 받아들이지는 않았는가?
- '내가 직접 하지 않았으니 괜찮다'며 방관자의 자리에 머무른 적은 없는가?

이 질문들은 단순한 반성이 아니라 리더로서 '어디서 멈추고 언제 말해야 하는가'를 가늠하는 윤리 감각을 키우는 기준이 된다.

리더가 기억해야 할 점

윤리적 리스크는 '말한 사람'만이 아니라 '침묵한 사람'에게도 책임이 있다.
불편한 분위기를 감지하고 멈추게 하는 사람이 리더다.
윤리적 문제를 지적하지 못하는 분위기 자체가 리더십 리스크다.
리더의 단호한 한마디가 조직의 기준을 다시 세운다.

WHY LEADERS FALL

리더를 지키는 윤리적 리더십

　윤리적 리더십은 이상적인 도덕성을 요구하는 것이 아니다. 그것은 리더가 자신과 팀을 지키는 최소한의 기준선이며 위기 상황에서도 리더십을 무너뜨리지 않게 하는 실천적 안전장치다. 윤리적 리더십이 없는 조직은 관계가 무너지고 구성원은 등을 돌리며 리더는 고립된다. 윤리는 리더십의 외곽이 아니라 중심이다. 리더는 누구보다 많은 유혹과 판단의 기로에 놓인다. 실적을 앞세워 기준을 유예하거나 친밀함이라는 이름으로 경계를 흐리거나 "다들 그렇게 해왔다"는 조직의 암묵적 허용에 기대어 책임을 회피할 수도 있다. 윤리적 리더십은 그런 순간마다 리더 스스로에게 묻는다. "지금 이 행동은 내가 지켜야 할 '선' 안에 있는가?" 그리고 주저 없이 그 선을 지켜내는 사람이 자신과 팀을 지킬 수 있는 리더다.

윤리적 리더십을 실천하는 리더의 3가지 태도

　첫째, 기준을 말하기보다 먼저 지킨다.
　"우리 조직은 이렇게 합니다"라고 말하기 전에 리더 자신이 먼저 행동으로 보여주는 것이다. 업무 전반의 태도, 회식 자리에서의 말투 등 조직 분위기를 만들어내는 모든 접점에서 리더는 언행의 출발점이자 기준이 된다. 말보다 먼저 행동하는 리더만이 말이 기준이 되는 조직을 만들 수 있다.

둘째, 불편함을 감지하고 제어할 줄 안다.

불편한 눈빛, 표정, 분위기를 민감하게 인식하고 상황을 정리하거나 방향을 바꿀 수 있는 감각과 단호함이 필요하다. 대부분의 문제는 "처음에 멈추지 못했을 때" 커진다. 리더는 불편함이 자라나기 전에 멈출 수 있는 사람이어야 한다.

셋째, 심리적 안전감을 '팀의 분위기'로 만든다.

팀원들이 불편함을 말해도 괜찮고 침묵을 깨도 되는 분위기를 만드는 것이 리더의 책임이다. "이건 좀 불편했어요"라는 말에 "그럴 수 있겠네요"라고 반응하는 리더가 있는 팀은 회복력 있는 조직이다.

윤리적 리더십은 윤리강령이나 윤리 선언처럼 거창한 원칙에서 출발하지 않는다. 매일의 말과 태도 속에서 '선을 지키는 사람'이 되는 것에서 시작된다.

리더가 기억해야 할 점

윤리적 리더십은 리더를 통제하는 장치가 아니라 리더를 지켜주는 보호막이다.

불편함을 감지하고 정리하는 사람이 리더다.

리더십의 진짜 무게는 권한이 아니라 기준을 지킬 줄 아는 책임에서 나온다.

3부

무너지지 않는 리더의 실천 전략

감지한 리스크에 즉시 반응하고 관계를 회복하며
실천한 루틴을 일상의 습관으로 만들 때 리더십은
비로소 지속된다.

지지 않는 리더가 이기는 리더다.
실패하지 않는 리더가 성공하는 리더다.
무너지지 않는 리더가 결국 살아남는 리더다.

9장

무너지지 않은 리더의 선택

리더는 누구나 실수한다. 그리고 리더십은 언제든 흔들릴 수 있다. 우리는 리더십 리스크가 드러난 뒤에야 그것이 얼마나 조용히 커져 있었는지를 깨닫는다. 하지만 무너진 리더와 무너지지 않은 리더의 차이는 리스크의 유무가 아니다. 차이는 '언제 알아차렸는가 그리고 무엇을 했는가'에 있다.

이제까지 우리는 리스크가 팀과 리더를 어떻게 무너뜨리는지를 살펴보았다. 침묵하는 팀, 떠나는 사람들, 고립된 판단, 흐려진 기준, 이 모든 흐름은 리더가 그것을 제때 감지하지 못했기 때문에 벌어진 결과였다.

어떻게 하면 무너지지 않을 수 있을까?

회복은 감지에서 시작된다

리더십 리스크는 예고 없이 오지 않는다.

징후는 늘 존재한다. 회의에서 줄어든 발언, 회신 메시지에 담긴 감정 없는 답변, 반복되는 지연 보고, 사라진 웃음…. 문제는 '징후가 없었던 것'이 아니라 리더가 그것을 감지하지 못하거나 무시했다는 점이다. 회복은 리스크를 감지하는 감각에서 시작된다. 무너지지 않은 리더는 완벽했던 리더가 아니다. 그들은 더 빨리 느끼고 더 빨리 멈춘 리더였다. 리더십을 지켜낸 사람들은 리스크를 인식하는 자기 점검 루틴을 갖고 있었다.

지금까지와는 다른 질문이 필요하다

리더십 리스크를 감지하고 회복하기 위해서는 지금까지와는 다른 질문이 필요하다. 성과 중심의 질문만으로는 팀의 관계와 감정을 제대로 살필 수 없다. 리더는 이제 성과와 함께 관계를 묻고 속도와 함께 감정을 점검해야 한다.

· 요즘 팀원들이 나에게 먼저 말을 걸어온 적은 얼마나 있었나?

· 누가 말이 줄었는가?

· 회의할 때 나만 말하고 끝나는 건 아닌가?

· 내가 자주 쓰는 말이나 행동 중 누군가는 불편하게 느끼고 있진 않을까?

· 최근 누군가가 나에게 솔직하게 피드백을 해 준 적이 있었나?

이 질문들이 리더십 회복의 출발점이다. 지금부터 우리는 리더십 리스크를 감지하고, 회복하고, 다시 설계하는 실천 방식을 살펴볼 것이다. 무너지지 않은 리더는 특별한 영웅이 아니다. 회복을 선택한 사람일 뿐이다.

WHY LEADERS FALL

실패하지 않은 리더들의 공통점

"어느 날 팀원에게 이런 얘기를 들었어요. '요즘 팀장님 말씀이 다 지시처럼 들려요.' 순간 정신이 번쩍 들었죠. 그전까지는 제가 팀을 주도적으로 끌고 가는 거라고 생각했는데 어느새 제 말이 경직되고 부담스럽게 들리고 있었던 거예요. 그날 참 많은 생각을 했습니다. 그래서 회의 참석 시 늘 지참하는 다이어리 속지에 이렇게 적었어요. 질문으로 시작할 것, 말을 끊지 않고 끝까지 들을 것, 말이 끝나면 우선 긍정적으로 반응할 것. 이제 회의에 들어가기 전에는 '무슨 말을 할까'뿐 아니라 '어떤 질문을 던질까'를 먼저 생각하게 되었습니다. 그랬더니 회의 시간이 달라졌습니다. 팀원들이 더 많이 말하고 반응도 더 솔직하고 유연해졌어요."

이 리더는 자신의 리더십이 팀에게 어떻게 들리고 있는지에 귀 기울였고 그 깨달음은 '대화 방식'을 바꾸는 변화로 연결했다. 이처럼 회복을 선택한 리더는 완전히 새로워지지 않아도 된다. 중요한 건 알아차림과 의식의 전환 그리고 일상 속 작은 실천이다.

작은 신호에 먼저 반응한 리더들

실패하지 않은 리더들에게는 한 가지 공통점이 있다. 바로 "이대로 가면 안 된다"는 신호를 놓치지 않았다는 점이다. 그리고 더 중요한 것은 그 감각을 느낀 후 곧바로 반응했다는 것이다. 이들은 리더십 리스크가 커지기 전 아주 작은 조짐들을 눈치챘다. 그리고 다음과 같은 사소해 보일 수 있는 순간들을 결코 그냥 넘기지 않았다.

"박 차장이 요즘 나를 피하는 것 같다."
예전에는 자연스럽게 다가와 대화를 걸고 커피 한잔하자고 말하던 사람이 요즘엔 눈을 마주치지 않거나 자리를 슬쩍 피한다. 메신저 답장은 여전히 예의 바르지만 그 대화에는 온기가 사라졌다. 이 리더는 변화된 반응 속에서 왠지 모를 거리감을 감지했다.

"회의 때 고개를 끄덕이긴 하는데 말은 안 한다."
리더가 질문을 던져도 팀원들은 짧게 대답하거나 고개만 끄덕인다. 형식적으로는 소통이 이루어지고 있지만 실질적 대화는 사라지고 있다. 이 리더는 그 침묵의 결을 놓치지 않았고 회의가 '소통의 장'이 아니라 '침묵의 예고'가 되고 있다는 사실을 자각했다.

"내가 무리한 요청을 자주 했던 건 아닐까?"
촉박한 일정, 반복된 야근, 갑작스러운 업무 변경. 겉으로는 문제 제기가 없지만 "괜찮습니다"라는 말 뒤에 쌓이는 피로감을 리더는 느꼈다. 그리고 한 팀원의 억지웃음 속에서 그 말이 '괜찮지 않음'임을 정확히 감지했다.

이처럼 위기를 넘긴 리더들은 떠오르는 불편한 생각을 무시하지 않았다. 감지한 신호를 '별일 아닌 것'으로 넘기지 않았고 느낌을 '기분 탓'으로 외면하지 않았다. 대신 아주 작은 이상 신호일지라도 의미를 찾아보고 대화로 확인하고 필요한 조치를 행동으로 옮겼다. 바로 그 지점이 리더십 회복의 출발점이었다. 실패하지 않은 리더는 감각이 예민한 사람이 아니다. 그들은 리더십 리스크가 자라기 전에 신호에 가장 먼저 반응한 사람들이다.

리더가 기억해야 할 점

불편한 느낌은 '기분'이 아니라 리더십 리스크의 첫 신호다.
문제가 없는 리더는 없다. 다만 문제를 제때 감지하고 멈춘 리더가 무너지지 않는다.
느낌을 행동으로 연결할 수 있는 리더가 리스크의 확산을 막는다.

WHY LEADERS FALL

감지하고 인정하고 연결하라

리더는 종종 불편한 기류를 느낀다. 회의 때 팀원들의 표정이 딱딱하거나 메신저 답장이 짧고 건조하거나 예전보다 웃음이 줄었을 때, 그럴 때 리더는 생각한다. "이상해, 뭔가 있나?" 하지만 금세 마음속에서 지운다. "아니겠지, 내가 예민한 거야." 하지만 회복은 바로 그 '예민함'을 놓치지 않는 리더에게서 시작된다. 리더십 리스크는 한순간의 큰 실수보다 수많은 작은 신호를 놓친 결과다. 무너지지 않은 리더는 신호를 감지했고 그 신호를 인정했고 관계를 다시 연결하는 행동을 선택했다. 회복의 흐름은 이렇게 작동한다.

감지하고 인정하고 연결하라.

1단계. 감지 : 감정을 읽는 리더

리더십 리스크는 말보다 먼저 표정과 분위기로 드러난다. 어두운 표정, 시선 회피, 회의의 정적, 상호 간 피드백 저하, 업무 비협조. 팀원의 언어가 '괜찮습니다'라고 말해도 그렇지 않다고 얼굴 표정이 말하고 있을 수 있다. "회의가 끝나고 팀원이 뭔가 말하려다 머뭇거리는 걸 봤어요. 그 표정 하나가 계속 마음에 남더라고요. 그때 느꼈죠. 뭔가 있구나." 감지란 특별한 능력이 아니다. 리더가 팀과 연결되어 있고 연결되고 싶어 한다는 의지에서 비롯되는 감수성이다. 통제나 감독을 하는 리더가 아니라 감정을 읽는 리더가 리스크를 먼저 본다. 다음은 리더가 감지할 수 있는 작은 신호들이다.

· 메신저에서 이모티콘이나 말투가 평소보다 '건조하거나 생략'된다.(평소엔 "넵넵" 하던 팀원이 어느 순간 "네" 혹은 말없이 체크만 할 때)

· 답장은 빠르지만, 대화는 짧아지고 '감정 없는 확인' 위주로 바뀐다.("알겠습니다", "확인했어요"만 반복될 때)

· 개인 SNS 활동은 활발한데 조직 내 커뮤니케이션에서는 에너지가 느껴지지 않는다.(외부에선 밝고 활발하지만, 팀 채팅방에선 철저히 일 중심 반응만 보일 때)

· 불만을 직접 말하지 않고 '조용한 거리두기'로 표현한다.(팀 점심 식사 자리에 슬쩍 빠진다거나, 회식에 다른 일정이 있다고 거절할 때)

· '말은 맞지만 톤이 이상한' 피드백을 한다.("그렇게 하시죠. 팀장님 생각대로요."라는 문장이 지나치게 공손하거나 단절된 기분으로 들릴 때)

이런 신호들은 거리두기, 피로감, 정서적 이탈의 징후일 가능성이 높다. 팀원에게 관심을 기울이고 팀원과 연결된 리더만이 이런 신호를 알아차릴 수 있다.

9장 무너지지 않은 리더의 선택

2단계. 인정 : 방어보다 수용

리더가 신호를 감지했을 때 많은 경우 상대방에게 무의식적인 방어를 하게 된다.

- "그럴 의도는 전혀 아니었어요."
- "내가 그 말을 한 건, 상황이 좀 급해서였어요."
- "오해가 있었던 것 같아요."
- "나는 괜찮다고 생각했어요."
- "그 정도까지 불편했을 줄은 몰랐어요."

이 말들은 리더 입장에서는 상황을 설명하려는 표현이지만 팀원 입장에서는 자신의 감정을 부정당하는 경험이 된다. 결국 "문제가 없었다"는 해명이 반복되면 "이야기해봤자 소용없다"는 학습이 쌓인다.

하지만 회복을 선택한 리더는 다르게 말한다. 설명보다 먼저 수용하고 해명보다 먼저 공감한다.

- "그렇게 느꼈을 수도 있겠네요."
- "그 상황에서 불편했을 수 있겠어요."
- "제가 미처 생각하지 못했던 부분이에요."
- "제 말투가 충분히 그렇게 들렸을 수 있겠네요."
- "그 말이 상처가 됐다는 걸 이제 알겠어요."

이런 말은 상대방에게 '내 감정이 존중받았다'는 신호를 보낸다. 리더는 완벽한 사람이 아니라 실수했을 때 그 사실을 인정하고 관계를 회복할 줄 아는 사람이다. 때때로 "미안합니다"라는 말보다 "그럴 수 있었겠네요"라는 수용의 태도가 더 깊은 회복을 만든다.

3단계. 연결 : 말하고 다가가고 잇는다

신호를 감지하고 감정을 인정했으면 이제 리더는 행동으로 그 틈을 메워야 한다. 말없이 지나간다면 알아챈 것도 수용한 것도 의미를 잃는다. 리더가 해야 할 일은 거창하지 않다. 다시 말을 거는 것, 조심스레 마음을 건네는 것, 멈춰 있던 관계에 다리를 놓는 것이다. 다음은 불편한 대화를 여는 리더의 언어들이다.

- "회의 끝나고 뭔가 말을 하려다 마는 것 같았는데, 혹시 내가 뭔가 놓친 게 있었을까요?"
- "혹시 요즘 저의 리더십 방식에서 답답한 부분이 있다면 편하게 말해줘도 됩니다. 듣고 싶어요."
- "요즘 장 대리가 좀 조용해서 신경 쓰였어요. 어떤 힘든 문제가 있는 건 아닌가 걱정되더라고요."
- "안 과장이 하는 말엔 항상 신중함이 느껴집니다. 혹시 제가 불편하게 만든 건 아닌지 돌아보게 돼요."
- "나름 팀을 생각하고 했던 말이었는데 혹시 부담스럽게 느껴졌다면 알려주세요. 그 의견이 저에겐 아주 중요해요."

- "혹시 지금 이야기하기 어렵다면 나중에라도 말해주세요. 기다리고 있을 게요."

이런 말은 단순히 말을 잘하는 리더의 기술이 아니다. 관계의 균열을 감지한 리더가 진심으로 회복을 시도하는 태도를 보여주는 것이다. 불편한 대화를 두려워하지 않고 신뢰를 다시 쌓으려는 리더의 언어가 조용히 끊어졌던 마음을 다시 이어준다.

리더가 기억해야 할 점

내가 감지했다면 행동으로 옮겨야 한다. 리더의 빠른 반응이 리스크를 막는다.
상대방의 감정은 논리로 설득하는 대상이 아니라 공감으로 받아들여야 할 신호다.
진심 어린 인정과 수용의 말이 관계 회복의 문을 연다.
끊어진 마음은 불편한 대화를 여는 리더의 언어로 다시 이어진다.

WHY LEADERS FALL

신뢰 회복을 위한 리더의 루틴

신뢰는 하루아침에 회복되지 않는다. 리더가 말로는 "미안하다", "잘해보겠다"고 하지만 팀원은 속으로 이렇게 생각한다. "이번엔 정말 바뀌는 건가?"

리더십을 회복한 리더들은 단지 사과만으로 그치지 않았다. 그들은 말이 아닌 지속적인 행동으로 보여줬다. 그리고 그 '보여준 것'은 특별한 변화가 아니라 작고 예측 가능한 실천 루틴이었다. 리더가 신뢰를 잃는 건 대개 말 때문이 아니라 말과 행동의 불일치 때문이다. 반대로 리더가 다시 신뢰받는 이유는 일관되고 반복되는 행동에 있다. 작은 루틴이 모여 신뢰의 분위기를 만들고 그 분위기가 팀의 신뢰를 회복시킨다.

신뢰 회복은 한 번의 말보다 반복되는 행동으로 증명된다. 하지만 바쁜 리더의 일상 속에서 실천은 쉽게 흐트러지기 마련이다. 그래서 필요한 것이 작고 예측 가능한 루틴이다. 다음은 리더가 일상 속에서 신뢰를 다시 쌓기 위해 반복할 수 있는 4가지 핵심 루틴이다.

신뢰를 복구하는 4가지 루틴

루틴	핵심 목적	실천 방식 요약
회의 전후 감정 체크 질문	팀 분위기와 감정 상태 파악	회의 전후 짧은 질문으로 감정 흐름 확인 및 피드백 수렴
월간 리더십 진단 설문	리더십에 대한 팀원 시선 점검	익명 설문 수집 -> 일부 공유 -> 실행 계획 피드백
1:1 대화	정서적 연결 및 신뢰 회복	감정, 업무, 리더십 주제로 구조화된 대화 설계
리더의 자기 점검 노트	리스크 인식 및 개선	감정, 언행, 피드백 반영 여부 등 자가 기록 및 반성

이 4가지 루틴은 단순한 실천 목록이 아니라 리더십 회복을 위한 구조적 장치다. 중요한 건 완벽하게 수행하는 것이 아니라 잊지 않고 반복하는 것이다. 이제부터 각 루틴이 어떤 방식으로 작동하는지 구체적인 실천 예시를 통해 하나씩 살펴보자.

루틴 1. 회의 전후 감정 체크 질문

작은 질문이 분위기를 바꾼다. 회의 전후 1~2개의 감정 체크 질문은 팀원의 심리 상태를 읽고 소통의 분위기를 높이는 데 효과적이다.

회의 전		회의 후	
질문 예시	활용 목적	질문 예시	활용 목적
"오늘 하루 어땠어요?"	팀의 전반적인 감정 상태 파악	"오늘 회의에서 불편했던 점이 있었나요?"	회의 방식 개선
"최근 업무 중 어려웠던 점이 있었다면 공유해주실 수 있나요?"	업무상의 어려움 사전 인식	"회의 내용 중 더 깊이 다루었으면 하는 부분이 있었나요?"	내용의 깊이와 폭 조정
"최근 제가 놓친 부분이 있었다면 알려주세요."	리더의 맹점 점검	"제가 전달한 메시지가 명확했나요?"	커뮤니케이션 확인

"오늘 회의에서 특별히 다루고 싶은 주제가 있을까요?"	팀원의 의견 반영	"오늘 회의에서 느낀 감정을 공유해 주실 수 있나요?"	감정적 반응 파악

루틴 2. 월간 리더십 진단 설문

정기적인 익명 설문은 팀원에게는 솔직한 피드백의 기회, 리더에게는 무의식의 리더십 패턴을 점검하는 장치가 된다.

목적	질문
소통 스타일 전반 평가	최근 한 달 동안 리더의 의사소통 방식에 만족하셨나요?
경청 태도 인식 확인	리더가 팀원들의 의견을 경청한다고 느끼나요?
전달력 및 명확성 점검	리더의 업무 지시가 명확하고 이해하기 쉬웠나요?
피드백 실효성	리더의 피드백이 업무에 도움이 되었나요?
심리적 안전감 확인	팀 내에서 자유롭게 의견을 표현할 수 있나요?
감정 감지력 및 대응력	리더가 팀 내 분위기 변화를 잘 감지하고 조율한다고 느끼나요?
상호 신뢰 확인	리더와의 대화에서 내 이야기가 존중받는다는 느낌을 받나요?
공정성 진단	업무 배분이나 평가에 있어서 리더의 판단이 공정하다고 느끼나요?
일관성 및 책임감 평가	리더의 말과 행동이 일관되고 책임감 있게 느껴지나요?
개인 의견 수렴	리더에게 바라는 점이 있다면 자유롭게 작성해 주세요.

활용 팁

· 월 1회, 5분 내 응답 가능한 설문 구성

· 응답률을 높이려면 익명성 철저 보장 + 결과 중 일부 내용 회의에서 공유

· "이 부분은 제가 이렇게 바꿔보겠습니다" 다짐 → 리더의 실행 의지 전달

루틴 3. 1:1 대화

정기적인 대화를 통해 팀원과의 신뢰를 구축하고 개별적인 고민이나 피드백을 수렴한다. 단순 업무 보고로 흐르지 않도록 감정, 상황, 리더십, 제안을 중심으로 설계하는 것이 핵심이다.

정기적인 1:1 대화 단계

대화 단계	질문 예시	리더가 할 일
감정 열기	"요즘 어떤 감정을 자주 느끼나요?" "이번 주 가장 지쳤던 순간은 언제였나요?"	업무보다 기분과 마음에 관심 가지기 감정을 읽어주고 공감하기
업무, 상황 파악	"지금 맡고 있는 일 중에 막히는 부분이 있나요?" "이 업무는 본인에게는 어떤 의미가 있다고 생각하세요?"	업무 진행 상황에 대한 느낌과 의미를 질문하기
리더에 대한 피드백 요청	"요즘 제 리더십에서 아쉬운 부분이 있다면 무엇인지 편하게 얘기해 주세요." "제가 놓치고 있는 팀 분위기나 신호가 있다면 어떤 것인지 말해줄 수 있을까요?"	방어하지 말고 그대로 수용하기
제안과 마무리	"우리 팀이 조금 더 나아지려면 어떤 것들이 바뀌면 좋을까요?" "마지막으로 나누고 싶은 이야기나 하고 싶은 말이 있을까요?"	제안을 기록하고 행동으로 연결하기

대화 기록 카드 예시

항목	내용
대상 팀원	○○○ 과장
대화 일자	2025.03.10
감정 키워드	피로감, 혼란스러움, 감사
업무 주요 내용	고객관리 시스템 개발 프로젝트 - IT 개발 담당자와의 협업 이슈 언급
리더십 피드백	"요즘 팀장님이 너무 긴장해 보이셔서 말 걸기 어려웠어요."
팀 분위기 언급	구성원 간 대화가 줄고, 개인주의 성향이 강해지는 느낌

액션 플랜	다음 주 팀 주간 회의 - 사업 계획 진도율 현황 및 나의 요즘 심리 상태 솔직하게 공유하기

루틴 4. 리더의 자기 점검 노트

리더십 리스크는 대부분 리더 본인의 무의식적 언행에서 자라난다. 회복력 있는 리더는 스스로의 감정, 말, 행동, 의사결정 구조를 돌아보는 시간을 갖는다. 기록은 무의식을 자각하게 하는 장치다.

항목	질문	작성 예시
감정 감지	이번 주 감정적으로 거리감을 느꼈던 순간은?	이 과장이 회의 중 말을 줄이고 눈을 마주치지 않음
대화 반응	내가 던진 질문에 반응 없이 지나간 순간은?	분기 성과관리 미팅 때 한 차장이 시선을 피하고 아무 말 없이 고개만 끄덕임
피드백 수용	팀원 피드백을 반영한 사례가 있었는가?	강 과장이 요청한 회의 자료 요약 의견 반영함
내 언행 점검	이번 주 다시 돌아보고 싶은 말이나 행동은?	사장님의 업무보고 일정 압박 속에서 강 차장에게 했던 말투가 불쾌하게 받아들여졌을 가능성이 있음
리더십 성장	이번 주에 리더로서 훈련된 순간은?	판단하지 않고 중립적으로 듣는 데 집중함
액션 플랜	다음 주 실천할 작은 변화는?	1:1 대화 중 반드시 인정과 칭찬하기

이 네 가지 루틴은 리더가 다시 신뢰를 얻기 위한 일상의 구조다. 루틴은 위기를 막는 예방 장치이자 회복을 지속시키는 신뢰의 연결 고리다. 반복되는 루틴 속에서 리더십은 다시 세워진다.

리더가 기억해야 할 점

신뢰는 말이 아니라 회복을 위한 루틴 위에서 다시 세워진다.
반복적인 실천이야말로 팀원들에게 리더의 의지를 확인시켜준다.
일상 속에서 실천할 수 있는 도구를 활용할 때 변화는 더 지속 가능해진다.
루틴은 리더십을 행동으로 증명하게 만드는 장치다.

WHY LEADERS FALL

멈춘 루틴 다시 시작하는 법

나에게 맞는 루틴을 세운다는 건 결코 쉬운 일이 아니다. 하지만 그것을 지속하는 일은 더 어렵다. 많은 리더들이 팀원들의 감정을 살피겠다고 마음먹고 질문을 준비하고 1:1 대화를 시작한다. 분명 처음엔 진정성이 있다. 하지만 어느 순간 루틴은 조용히 진행을 멈춘다. 그럴 때 리더는 스스로를 책망하기도 한다. "역시 나는 꾸준하지 못한 사람인가?", "좋은 리더가 되겠다는 다짐은 순간적인 기분이었나?"

하지만 무너지지 않은 리더는 루틴이 멈췄을 때 다시 돌아온 리더다. 회복은 완벽한 실행이 아니라 다시 시작하는 의지와 용기에서 비롯된다.

☞ **리더의 실천을 무너뜨리는 생각들**

· 이번 주는 정말 너무 바빴어. 한 번만 건너뛰어도 괜찮겠지?
· 회의 전에 질문 던졌는데 다들 조용하니까 나만 민망하더라고.
· 요즘 나도 지쳐 있었는데 굳이 감정 얘기를 꺼내야 하나 싶었어.
· 솔직히 이게 효과가 있는 건지도 헷갈렸어. 그냥 더 피곤하게 하는 건 아닌가 생각이 들어.

리더가 실천을 멈추는 이유는 다양하다. 감정적 피로, 팀의 무반응, 급박한 업무 처리, 실효성에 대한 의문 등. '실천 의지의 부족' 때문은 아니다. 모든 리더는 중간에 멈춘다. 하지만 모두가 다시 시작하는 건 아니다.

루틴은 언제든 멈출 수 있다. 중요한 것은 왜 멈췄는가보다 어떻게 다시 시작할 것인가이다. 다음의 3가지 접근법은 멈춘 루틴을 무리하지 않고 현실적으로 복구하는 시스템이다. 리더가 부담 없이 시작할 수 있도록 현실에 맞는 작은 실행부터 다시 이어가는 방법이다.

멈춘 루틴을 복구하는 3가지 접근법

접근법	설명	실천 예시
다시 꺼내기 (기존 루틴 재시작)	분석보다 실행이 먼저다. 이유를 따지기 전에 멈췄던 루틴을 그대로 꺼내 다시 실행하라	멈췄던 회의 전 시작 질문 그대로 다시 시도 : "요즘 불편한 점은 무엇인가요?"
작게 줄이기 (간소화하여 재시작)	처음부터 완벽히 하려 하지 말고 최소한의 방식으로 다시 시작하라	'리더의 자기 점검 노트'를 두 문항으로 줄여 다시 시작
다시 설계하기 (다르게 재시작)	지금의 루틴이 맞지 않는다면 방식을 새롭게 설계하라	회의 후 질문 대신 '한 사람씩 의견 나누기'로 전환

루틴이 멈췄을 때 리더는 '다시 시작'이라는 선택을 할 수 있어야 한다. 다음의 질문들은 루틴을 복구하기 위한 자기 점검 가이드이자 리더 스스로를 일으켜 세우는 발판이다.

☞ 루틴 복구를 위한 셀프 리셋 질문
· 내가 최근 2주간 놓쳤던 루틴은 무엇인가?
· 다시 시작하려면 무엇부터 가장 쉽게 실행할 수 있을까?

· 내가 다시 루틴을 시작했을 때 팀은 어떤 반응을 보일까?

· 내가 다시 멈췄을 때 나에게 신호를 줄 팀원은 누구인가?

· 다시 이어갈 수 있도록 도와줄 동료는 누구일까?

이 질문들은 '왜 멈췄는가'를 묻기 위한 것이 아니다. '멈춘 루틴을 어떻게 복구할 것인가'를 스스로 직면하기 위한 준비 운동이다.

리더가 기억해야 할 점

루틴은 멈출 수 있다. 실패를 분석하기보다 다시 움직일 방법을 찾아라.
무너지지 않은 리더는 완벽한 루틴을 지킨 사람이 아니라 다시 시작하는 사람이다.
작은 루틴이라도 복구를 실행하면 리더십은 회복하기 시작한다.

10장

리스크 위에 세운 리더십

여기까지 온 당신은 리더로서 중요한 질문 하나를 이미 던진 사람이다.
"나는 지금 어떤 리스크 위에 서 있는가?"

그리고 그 물음에 답하기 위해, 아마도 수많은 장면을 떠올렸을 것이다. 회의 중 침묵하던 팀원의 표정을 보고 답답함을 느꼈던 순간, 퇴사 소식을 전하고 아쉬움에 가득 찬 얼굴로 사무실을 나서던 팀원의 뒷모습, 팀장의 결정만을 하염없이 기다리는 팀의 시선, 나를 향해 조용히 쌓여가던 불만을 전해 들었을 때의 서운함까지.

이 책은 그 모든 순간을 '리더십 리스크'라는 언어로 표현하고자 했다. 감지하지 못한 사이에 깊어졌던 관계의 앙금, 의도와 다르게 흘러간 영향력의 그림자, 결과는 남았지만 관계는 사라졌던 리더의 일상의 시간들을 함께 돌아봤다.

그리고 이제, 마지막에 도달했다.

하지만, 리스크를 감지하고 회복의 루틴을 만들었다고 해서 모든 것이 끝난 건 아니다. 진짜 리더십은 '한 번 잘하는 것'이 아니라 '계속해 나아가는 힘'에 있다. 감지한 리스크를 잊지 않고 회복한 관계를 지키며 실천한

10장 리스크 위에 세운 리더십 181

루틴을 일상의 습관으로 만들 때 리더십은 비로소 지속된다. 그래서 지금부터는 '지속 가능한 리더십 구조'를 이야기하고자 한다. 리더 개인의 성찰에서 시작된 회복이 팀과 조직으로 연결되어야 한다. 진단과 피드백, 실천이 반복될 수 있는 구조로 설계되어야 한다. 루틴은 습관이 되어야 하고 습관은 시스템이 되어야 한다. 이제부터 그 구조를 함께 설계해 볼 것이다. 리더가 스스로를 정기적으로 점검할 수 있는 진단표, 팀원과 피드백을 주고받을 수 있는 질문들, 실천을 지속 가능하게 만드는 방법들을 하나하나 짚어볼 것이다.

위대한 리더는 무너지지 않기 위해 스스로를 점검하는 사람, 피드백을 두려워하지 않는 사람, 실천을 구조화하는 사람이다. 그 마지막 여정을 시작하자.

WHY LEADERS FALL

리더십 리스크 자가 진단

리더는 늘 분주하다. 성과를 챙기고 이슈를 해결하고 보고를 준비하느라 쉴 틈 없이 하루를 보낸다. 그래서 리더십 자체를 점검하는 일은 종종 뒤로 밀린다. 하지만 리더십 리스크는 조용히 누적되고 드러날 때는 이미 돌이키기 어려운 경우가 많다. 그래서 리더에게는 정기적인 리더십 점검 루틴이 필요하다. 특히 감정, 신뢰, 평판, 윤리성 같은 관계 기반 리스크는 수치로 확인되지 않기 때문에 리더가 놓치기 쉽다. 지금의 리더십이 어느 정도 건강한지 어떤 리스크에 노출되어 있는지 스스로 점검할 수 있는 도구가 필요하다. 이 자가 진단은 리더 스스로 자신의 리더십 리스크 상태를 확인하고 실질적인 회복 루틴을 설계할 수 있도록 도울 것이다.

리더십 리스크 자가 진단(간편 버전)

※ 이 진단은 간편 버전이며 팀과 함께 리더십 리스크를 진단하고 대화할 수 있도록 구성한 상세 버전은 부록에 수록되어 있다.

총 문항 수는 열여덟 개이며 리스크 유형별로 세 문항씩 구성되어 있다. 각 문항은 5점 척도로 평가된다. 유형별 최대 점수는 15점이다.

각 문항에 대해 다섯 가지 중 하나를 선택해 체크해보자.

리더십 리스크 유형	문항	매우 그렇다 (5점)	그렇다 (4점)	보통이다 (3점)	아니다 (2점)	매우 아니다 (1점)
커뮤니케이션 리스크	팀원들은 내게 불편한 이야기도 비교적 자유롭게 꺼낼 수 있다					
	나는 팀원들이 회의 시간에 충분히 발언하고 있다고 생각한다					
	내가 던진 질문에 대해 팀원들이 솔직하게 의견을 낸다					
인적 리스크	나는 퇴사나 부서 이동 요청의 신호를 사전에 어느 정도 감지할 수 있다					
	나는 팀원 개개인의 불평불만에 관심을 갖고 반응하려 한다					
	나는 팀원에게 함께 일하고 싶은 리더로 인식된다고 생각한다					
의사결정 리스크	나는 중요한 결정을 팀원들과 논의한 후 내리는 편이다					
	나는 팀원들이 스스로 판단하고 결정할 수 있는 권한을 갖고 있다고 느낀다					
	나는 혼자 모든 결정을 내려야 한다는 부담에서 벗어나고 있다					
평판 리스크	나는 팀원들에게 신뢰받는 리더라고 자신 있게 말할 수 있다					
	나는 최근 말과 행동이 일치하지 못했던 순간을 돌아본 적이 있다					
	나는 리더로서의 내 평판을 팀원들에게 직접 확인해 본 적이 있다					
전략 리스크	내가 제시한 전략은 팀원들에게 명확한 방향으로 인식된다고 생각한다					
	나는 전략과 목표가 실제 실행 과정에서 일관되게 유지되고 있다고 생각한다					
	나는 변화 흐름을 민감하게 읽고 전략에 반영하려 한다					

윤리적 리스크	나는 내 말과 행동이 구성원에게 미치는 영향을 자주 돌아본다					
	나는 업무 지시, 피드백 그리고 회식 등 모든 상황에서 팀원이 느낄 수 있는 불편함을 경계하고 있다					
	나는 '이 정도는 괜찮겠지'라는 판단을 조심하며 조직의 윤리 기준을 지키려 한다					

진단 결과 해석 가이드(리스크 유형별)

점수 구간	리더십 리스크 상태	해석 가이드
13~15점	안정	매우 건강한 리더십 상태. 현재의 루틴을 유지하며 구성원과의 신뢰를 강화하는 방향으로 지속해 나아간다.
9~12점	주의	일부 경고 신호 감지. 리스크가 누적되고 있을 수 있으므로 해당 유형에 대한 피드백을 수렴하고 보완이 필요하다.
8점 이하	위험	리더십 리스크가 실제로 작동 중일 가능성. 침묵, 거리감, 신뢰 저하 등 징후를 감지하고 조속한 회복 루틴이 필요하다.

셀프 피드백 질문

진단 결과를 바탕으로 아래 질문에 답하며 회복 계획을 구체화해 보자.

· 가장 낮은 점수를 기록한 리스크는 무엇이었는가?

· 최근 그 리스크와 관련된 실제 사례나 장면이 떠오르는가?

· 해당 리스크를 줄이기 위해 어떤 루틴을 실천할 수 있을까?

· 지금의 상황을 개선하기 위해 누구와 어떤 대화를 시도할 수 있을까?

· 이번 주 안에 실천할 수 있는 작고 구체적인 행동은 무엇인가?

· 이 진단 결과를 팀과 공유하고 피드백을 받을 기회를 어떻게 만들 수 있을까?

리더는 더 늦기 전에 스스로를 먼저 돌아봐야 한다. 이 자가 진단은 '정답'을 말해주지는 않지만 당신의 리더십이 어디쯤 와 있는지를 보여주는 거울이다. 그리고 그 거울을 마주한 지금 당신은 이미 무너지지 않는 리더의 길 위에 서 있다.

리더가 기억해야 할 점

실패하지 않는 리더는 스스로를 가장 먼저 점검하는 사람이다.
리더십 리스크 자가 진단은 일회성이 아니라 리더십을 지키는 반복 루틴이다.
셀프 피드백은 리더십 상태를 확인하고 실질적인 회복 루틴을 설계할 수 있도록 돕는 출발점이다.

WHY LEADERS FALL

팀 피드백 시스템

리더의 말보다 팀의 말이 중요해지는 순간이 있다. 피드백은 바로 그 순간을 만드는 도구다. 하지만 효과적인 피드백은 개인의 성향이나 일회성 이벤트가 아니라 구조로 설계되어야 지속 가능하다. 팀이 안심하고 말할 수 있도록 설계된 시스템 그것이 무너지지 않는 리더십의 기반이 된다. 리더가 신뢰를 다시 얻기 위해 실천 루틴을 만들어야 한다면 그 루틴이 반복되도록 돕는 것은 바로 '팀 피드백 시스템'이다. 말하는 사람이 보호받고 피드백이 리더십 성장의 촉진제가 되는 구조. 이제는 피드백을 '기회가 되면 듣는 것'에서 '정기적으로 나누는 시스템'으로 바꿔야 할 때다.

구성원이 피드백을 꺼리는 데에는 다양한 이유가 있다. 아래와 같은 경험들이 반복되면 말하는 것보다 침묵하는 쪽을 선택하게 된다.

- "말해도 달라지지 않더라고요."
- "팀장님이 들을 준비가 안 되어 있는 것 같았어요."
- "예전에 피드백했다가 오히려 저에 대한 이미지만 안 좋아졌어요."
- "서로 눈치만 보다 결국 아무도 말을 꺼내지 않아요."

- "잘못 전달되면 감정 상할까 봐 조심스러워요."
- "익명이어도 결국 누군지 들킬 것 같아요."

이런 말들은 팀이 침묵을 선택한 것이 아니라 말할 수 있는 안전한 구조가 없었다는 것을 보여준다. 이제 리더는 '용기 있는 개인'의 피드백에만 기대는 것을 넘어 팀 전체가 피드백을 주고받을 수 있는 일상적인 구조를 설계해야 한다.

팀 피드백 시스템 – '리더십 피드백 회의'

항목	메커니즘	실행 팁
리더십 피드백 캘린더	정례화된 일정으로 피드백을 일상화한다	매월 마지막 주 금요일 '리더십 피드백 회의' 고정 운영(30분 내외)
익명 설문 병행	표면화되기 전 리더십 리스크 징후를 선제적으로 감지한다	구글 폼 사전 설문 활용(월 1회, 세부 문항 구성)
질문 중심 대화 유도	반복적인 질문으로 말하는 분위기를 만든다	질문으로 시작하고, 질문으로 마무리하기
1인 1피드백 방식	모두가 참여해야 진정한 피드백 문화가 형성된다	모든 팀원이 돌아가며 1가지씩 리더십 피드백을 말하는 구조
리더의 후속 조치 루틴화	피드백 이후의 반응이 신뢰를 만든다	회의 직후 리더의 실행 계획을 팀에 공유

이 시스템은 단지 회의를 하나 더 만드는 것이 아니다. 팀 전체가 피드백을 자연스럽게 주고받는 경험을 축적하며 리더십 리스크를 조기에 감지하고 함께 해결해 가는 구조적 장치다. 정기적이고 구조화된 리더십 피드백 회의는 피드백을 두려움이 아닌 '팀 문화의 일부'로 자리 잡게 해준다.

리더가 기억해야 할 점

좋은 피드백은 개인의 태도에서 시작되지만 지속 가능성은 시스템이 만든다.
팀 피드백 시스템은 리더십을 진단하고 함께 성장하게 만드는 촉진제다.
리더십 피드백 회의는 리더십 리스크를 감지하는 레이더다.

WHY LEADERS FALL

불편한 대화를 마주하는 리더

리더십 리스크는 팀의 침묵 속에서 자란다. 그리고 그 침묵은 리더가 질문하지 않기 때문에 시작된다. 설문이나 회의를 통해 감지된 리스크는 그 자체로 중요한 신호지만 이를 어떻게 다루느냐가 리더십의 회복을 결정짓는다. 리더는 그 신호를 놓치지 않고 대화로 전환해야 한다. 특히 팀원들과의 정기적인 1:1 대화 그리고 신호가 감지된 즉시 주저 없이 말문을 여는 태도는 리더십 리스크를 최소화하는 가장 강력한 수단이다. 지금부터는 이 불편한 대화를 회피하지 않고 오히려 마주할 줄 아는 리더가 되기 위한 구체적인 대화 방식과 태도를 살펴본다.

리더십 피드백 회의는 신호일 뿐 회복은 대화에서 시작된다.
- "설문에는 썼지만 회의에서는 말 못 했어요."
- "다른 사람 눈치가 보여서 조심스러웠어요."
- "저 혼자만 그렇게 느낀 줄 알고 그냥 넘어갔죠."
- "괜히 얘기했다가 분위기 흐릴까 봐 말을 아꼈어요."
- "그런 얘기는 나중에 따로 말하려고 했어요."

리더십 피드백 회의는 팀 전체의 분위기나 리더십 전반에 대한 신호를 감지하는 데 유용하다. 하지만 그 안에는 아직 말하지 못한 감정, 생각, 바람 등이 여전히 남는다. 이 부분은 리더와 팀원이 따로 진행하는 1:1 대화 속에서 회복될 수 있다.

리더십 리스크 유형별 1:1 대화 예시 – 평판 리스크

※ 상황 : 구글폼 설문에서 '팀장의 말과 행동이 일치한다' 항목 점수가 현저히 낮았다. 리더십 피드백 회의 때 강 과장이 눈을 마주치지 않고 발언도 줄었다. 며칠이 지난 후 팀장은 1:1 개별 대화를 요청했다.

팀장 : "강 과장님, 잠시 시간 괜찮으신가요? 최근 피드백 회의 이후 제가 곱씹게 되는 내용이 있어서요."

강 과장 : "네, 말씀하시죠."

팀장 : "설문에서 '리더의 말과 행동 일치' 점수가 많이 낮았어요. 혹시 그런 인상을 받았던 상황이 있었다면 편하게 말씀해 주실 수 있을까요?"

강 과장 : "사실 회의 때마다 '의견을 자유롭게 얘기해달라'고 말씀하시잖아요. 근데 방향은 이미 정해진 듯한 분위기예요. 그래서 의견을 내는 게 의미 없게 느껴질 때가 있어요."

팀장 : "그렇게 느껴지셨군요. 혹시 구체적으로 기억나는 장면이 있을까요? 다시 한번 돌아보고 싶어서요."

강 과장 : "최근에 있었던 신상품 개발 기획 미팅 때요. 회의 시작할 때는 팀장님께서 어떤 의견도 받겠다고 하셨지만 정작 끝나고 난 뒤에는 기존

안 그대로 진행하자고 결정하신 거 기억나세요? 사실 팀원들 중 기존 유사 상품 대비 특별히 차별화되지 못했다는 의견이 많았습니다."

팀장 : "맞아요. 그때 영업 채널에서 강하게 요구한 일정도 있었고… 제가 충분한 배경 설명 없이 정리해 버렸던 것 같아요. 그건 명백한 제 실수예요."

강 과장 : "사소하게 생각하실 수도 있는데 그런 상황이 반복되면 '의사결정은 이미 미팅 시작 전에 끝났었다'는 생각이 들 것 같아요."

팀장 : "그 말씀이 뼈아프게 와닿네요. 말과 행동 사이의 간극을 제가 좁히지 못했다는 게요. 앞으로 그런 미팅에서는 사전에 여러 상황상 변동 가능한 부분이 어느 정도인지 아니면 사실상 확정된 안인지부터 명확히 설명하겠습니다."

강 과장 : "지금처럼 솔직하게 말씀해 주신다면 팀장님의 결정을 이해하는 데 도움이 될 것 같아요."

팀장 : "감사합니다. 오늘 이 대화를 잊지 않고 행동으로 보이겠습니다."

1:1 대화를 효과적으로 진행하는 방법

· 미리 예고하고 시간을 확보하라 : 즉흥적인 대화보다는 사전에 시간을 잡고 예고할수록 팀원도 생각을 정리하고 대화를 준비한다.

· 질문은 구체적이고 열린 형태로 한다 : "어떻게 느꼈나요?", "이 부분이 개선되기 위해 어떤 방법이 필요할까요?" 같은 열린 질문이 효과적이다.

· 중간에 끼어들지 말고 끝까지 듣는다 : 팀원이 말하는 동안 판단하거나 반

박하지 않고 적극적으로 경청하는 태도가 핵심이다.

- 감정과 욕구에 주목한다 : 단순한 불만이 아니라 감정이 섞인 이야기라면 우선 감정을 읽어주고 공감해 주는 리더의 반응이 중요하다. 그리고 진정으로 원하는 것이 무엇인지 진지하게 관찰한다.
- 작은 변화라도 실행 계획으로 마무리하라 : "제가 그 부분은 다음 회의에서 이렇게 바꿔볼게요" 같은 실천의 약속이 대화의 진정성을 만든다.

리더십 피드백 회의는 팀의 목소리를 수면 위로 끌어올리는 훌륭한 시스템이다. 그러나 리더십 리스크의 진짜 회복은 그 이후 팀원과의 1:1 대화에서 본격화된다. 팀원들은 공개된 자리보다 개별적이고 비공식적인 대화 속에서 훨씬 더 솔직한 감정을 드러낸다. 그렇기 때문에 리더는 설문과 피드백 회의에서 감지된 신호를 흘려보내지 않고 불편한 대화를 직접 열 수 있는 용기와 대화 기술을 갖춰야 한다. 그 대화는 거창할 필요가 없다. 단 한 사람과 나누는 짧은 대화에서도 라포를 형성하고 열린 질문을 던지며 리더가 방어하지 않고 귀 기울인다면 멀어진 신뢰는 다시 자라기 시작한다. 리더는 시스템을 설계하는 사람인 동시에 그 시스템 위에서 팀원들과 다시 연결되는 사람이어야 한다. 진정한 리더십 회복은 결국 팀원과의 관계에서 완성된다.

리더가 기억해야 할 점

- 불편한 대화 주제를 먼저 꺼내는 리더의 용기가 팀의 신뢰를 회복시킨다.
- 팀원은 공개된 자리보다 개별적이고 비공식적인 대화 속에서 진짜 이야기를

꺼낸다.

팀원은 리더가 질문하는 방식, 경청하는 자세, 반응하는 태도에서 리더의 진심을 읽는다.

에필로그

결코 무너지지 않는 리더들에게

리더는 말로 신뢰를 얻지 않는다. 실천으로 얻는다.

리더십 피드백 회의에서 팀원들의 이야기를 경청하고 1:1 대화를 통해 맥락을 이해하고 감정에 공감했다면 그다음은 리더의 행동이다. 말과 행동이 일치할 때 팀은 변화의 신호를 알아차린다. 그리고 리더십은 회복된다.

실천은 작아도 괜찮다.

· 회의 시작 전 감정을 묻는 한 문장

· 피드백 설문 결과를 요약해 공유하는 짧은 메일

· 1:1 대화 후 "말해줘서 고마웠어요"라고 따로 건네는 말

· 회의에서 언급된 팀원의 의견을 다음 주 실행 계획에 반영하는 것

· 팀원 생일에 포스트잇에 적은 축하의 메모를 조용히 자리에 붙여놓는 것

· 팀원 이름을 회의 자료나 PPT 슬라이드에 직접 언급하며 기여를 인정해주는 것

· 팀원의 성장에 도움 되는 교육과정을 알았을 때 내용을 공유해주며 "잘 다녀오세요"라고 말하는 것

· 집에 급한 일이 생긴 팀원에게 "일은 나에게 맡기고 가보라"고 챙겨주는 것

이렇게 행동이 실천될 때 팀원은 '리더가 진심으로 노력하는구나'라는 신호를 받는다. 그 진심이 쌓여 신뢰가 된다.

하지만 리더도 사람이다. 루틴을 멈출 수도 있고 피드백 회의가 밀릴 수도 있고 감정을 살피기 어려운 날도 있다. 어느 날은 나에 대한 피드백을 방어하고 싶고 심한 스트레스 속에 아무것도 하고 싶지 않을 때도 있다. 그럴 때 리더는 스스로에게 이렇게 말해야 한다. 그리고 다시 시작해야 한다. "나는 진정 어떤 리더가 되기를 원했던가?"

무너지지 않으려 애쓰는 리더

- 주말 오후 사장님이 보낸 문자메시지에 가족과의 저녁 식사를 미루고 사무실로 달려가던 순간
- 회의 때마다 말없이 앉아 있는 팀원들을 보며 '내가 무엇을 잘못했기에 우리 팀은 이런 분위기가 되었을까?'라고 자책하던 날
- 아끼던 팀원의 퇴사 예정 메일을 받고 서운함에 자리를 박차고 일어나던 날
- 팀을 위한 힘든 회의를 마치고 돌아왔을 때 모두 퇴근해 버린 텅 빈 사무실을 바라보며 허무함을 느꼈던 순간
- 팀원들의 승진을 축하하며 기뻐해 주느라 정작 내 이름은 승진자 명단에 누락된 아쉬움을 표현조차 못했던 날
- 가장 먼저 출근하고 가장 늦게 퇴근하면서도 남은 업무 처리를 위해 주말 텅 빈 사무실에 나와 한숨 쉬던 날
- 믿고 의지했던 팀원이 나에 대해 안 좋은 이야기를 하고 다닌다는 소문을

듣고 크게 상심했던 순간

그 모든 순간에도 당신은 무너지지 않기 위해 애썼다.

그리고 마지막으로 당신에게

누구도 리더가 완벽하길 기대하지 않는다. 하지만 팀은 알고 싶어 한다.
"우리 리더는 말한 것을 행동으로 보여주는 사람인가?"
"우리 리더는 나를 성장시켜 줄 사람인가?"
결국 리더십은 '내가 얼마나 애쓰고 있는가'가 아니라 '팀이 나를 어떻게 느끼는가'로 증명된다.
이 책의 마지막 페이지를 덮는 지금, 팀원들과 다시 연결되고 다시 실천하는 리더이기를 바란다.

그렇게 한 걸음씩 이어온 당신은,
결코 무너지지 않는다.

지지 않는 리더가 이기는 리더다.
실패하지 않는 리더가 성공하는 리더다.
무너지지 않는 리더가 결국 살아남는 리더다.

부록

리더십 리스크관리
팀 코칭 가이드

이 부록은 『리더는 왜 무너지는가』 본문에서 제시한 6가지 리더십 리스크를 팀 차원에서 진단하고 회복하기 위한 실천 가이드이다. 리더가 혼자 문제를 분석하고 해결책을 마련하는 방식이 아닌 팀 전체가 함께 리더십 리스크를 인식하고 개선 방향을 모색할 수 있도록 다양한 진단 도구와 운영 절차를 담았다. 실제 팀 코칭 현장에서 바로 활용할 수 있도록 설계되었다.

(1)

리더십 리스크관리
팀 코칭이란 무엇인가?

리더십 리스크관리 팀 코칭은 리더 혼자서 답을 내리는 방식이 아니라 리더와 팀이 함께 리더십 리스크를 진단하고 회복을 위한 대화를 시작하는 팀 단위 코칭 프로그램이다. 이 책에서 다룬 6가지 리더십 리스크(커뮤니케이션 리스크, 인적 리스크, 의사결정 리스크, 평판 리스크, 전략 리스크, 윤리적 리스크)는 대부분 조직 내 관계 단절과 대화 부재에서 비롯된다. 따라서 팀 코칭은 이를 단순한 개인의 성찰이 아닌 팀 전체의 인식 전환과 실천 변화로 이끄는 구조적 접근으로 운영되어야 한다.

왜 필요한가?

- 리더 혼자서는 리스크의 전모를 감지하기 어렵다.
- 팀의 다양한 신호와 감정은 리더가 인지하지 못하는 사각지대에서 발생할 수 있다.
- 팀의 침묵은 리더의 판단 오류를 키운다.
- 리더는 점점 더 단편적인 정보에 의존하게 되고 의사결정은 고립된 채 이루어질 수 있다.

- 리더십 회복은 심리적 안전감 기반의 대화에서 시작된다.
- 대화는 방어가 아니라 열린 수용에서 출발하고 책임을 따지기보다 신뢰를 다시 세우는 과정으로 이어져야 한다.
- 팀의 리더십 인식은 리더와 팀의 관계의 질을 반영한다.
- 리더십 리스크는 리더 개인의 문제가 아니라 팀과 상호작용에서 비롯된 결과물이다.

어떤 도움이 되는가?

- 팀의 리스크 징후를 함께 진단하고 리더와 팀의 인식의 차이를 확인할 수 있다.
- 민감한 리더십 이슈를 안전한 분위기에서 공유하고 대화하며 정서적 단절을 해소할 수 있다.
- 실행 가능한 피드백 루틴과 실천 계획을 함께 설계하고 지속 가능한 변화로 연결할 수 있다.
- 리더에 대한 팀의 기대를 명확히 하고 합의할 수 있다. 구성원은 리더에게 어떤 변화를 바라는지 표현하고 리더는 실천을 통해 이를 신뢰로 전환할 수 있다.
- 리더의 리스크 대응 역량이 실제로 강화된다. 대화를 통한 인식 변화는 행동으로 연결되고 이는 리더십의 회복력을 높이는 기반이 된다.

(2)

팀 코칭 운영

코칭 목표 설정

코칭 목표를 명확히 합의하는 것은 팀 코칭의 방향을 설정하는 핵심 단계이다. 리더가 기대하는 변화와 팀이 겪는 리더십 리스크의 징후를 연결하는 질문을 던짐으로써 모호한 불편감을 구체적인 변화 과제로 전환할 수 있다.

☞ **코칭 목표 설정을 위한 핵심 질문**
- 우리는 지금 어떤 리더십 리스크 징후를 놓치고 있는가?
- 이 리더십 리스크는 팀과 리더에게 어떤 영향을 주고 있는가?
- 이 리더십 리스크를 완화하거나 회복하기 위해 우리는 무엇을 할 수 있는가?
- 우리 팀은 어떤 말은 하지만 어떤 말은 하지 못하고 있는가?
- 구성원들이 리더에 대해 조심스럽지만 가장 말하고 싶은 것은 무엇인가?
- 리더가 신뢰 회복을 위해 말보다 먼저 보여줘야 할 행동은 무엇인가?
- 리더십 리스크가 잘 관리된 팀은 어떤 모습일까?
- 리더십 리스크가 잘 해결되었을 때 우리 팀은 어떤 모습일까?

☞ **코칭 목표 예시**

· 팀 회의 시 구성원의 자발적 발언을 유도하는 환경 마련

· 리더와 팀이 함께 실천할 피드백 루틴 설계

· 리더와 구성원들 간 윤리 기준 간극 확인 및 합의 도출

· 구성원 이탈 원인 진단 및 신뢰 회복 대화 만들기

· 리더의 평판에 대한 구성원 인식 확인 및 회복 계획 수립

· 리더의 의사결정 방식에 대한 구성원 피드백 수렴 및 개선 방향 정리

· 팀이 리더에게 바라는 변화와 리더가 팀에 바라는 실천 간 균형 설계

· 일상 업무 및 회식 등 다양한 상황에서 윤리적 기준을 높이기 위한 실천 방안 수립

팀 코칭 진행자

1) 리더가 직접 진행하는 경우

리더가 팀 코칭을 직접 운영하는 방식이다. 리더에 대한 팀의 신뢰가 어느 정도 형성되어 있는 경우 적합하다.

· 리더가 자가 진단 및 팀 진단 결과를 준비하고 진단 결과를 바탕으로 팀과 대화의 장을 연다.

· 코칭에 대한 기본적인 이해와 퍼실리테이션 스킬이 요구된다.

· 리더는 조직 관리자가 아닌 '참여자+촉진자'의 태도로 코칭을 이끈다.

2) 사내 코치가 진행하는 경우

조직 내부의 사내 코치, HR 담당자 등이 팀 코칭을 운영하는 방식이다. 리더와 팀 그리고 회사에 대한 이해가 필요하다고 판단되는 경우에 적합하다.

- 사전에 리더와 충분한 신뢰 관계를 형성하고 팀 진단 결과에 대한 해석을 함께 논의한다.
- 팀의 민감한 이슈에 대한 중립성과 객관성을 유지하며 진행한다.
- 외부 코치를 대체할 만한 전문 역량이 요구된다.

3) 외부 코치가 진행하는 경우

한국코치협회(KCA) 인증 코치, 국제코칭연맹(ICF) 인증 코치 또는 코칭 역량을 갖춘 외부 전문가가 진행하는 방식으로 중립성과 신뢰 확보가 중요한 팀에 적합하다. 외부 코치의 역할은 중립적 퍼실리테이터(촉진자)로서 리더나 팀 어느 한쪽의 입장에 치우치지 않고 리더십 리스크를 안전하게 드러내고 대화를 통해 팀이 스스로 해답을 찾도록 돕는다. 핵심 역할은 다음과 같다.

- 리더십 리스크 진단 결과에 대한 객관적 해석
- 심리적 안전감과 친밀감 조성
- 리더의 개입 방식 및 참여 수준 조율
- 코칭 핵심 역량 및 코칭 스킬을 활용한 팀 코칭 운영
- 실행 계획 수립과 실행 점검 프로세스 설계

참여자의 마인드셋

리더와 팀원 모두가 한 팀의 구성원으로서 리더십 리스크를 함께 인식하고 변화의 주체로 참여해야 한다. 그래서 참여자의 기본 태도는 방어가 아닌 성찰, 침묵이 아닌 표현, 책임 전가가 아닌 실행에 있다.

- 방어보다 성찰 : 무슨 문제가 있는지 따지기보다 무슨 리스크가 있는지 직시한다.
- 침묵보다 표현 : 말하지 않으면 아무것도 바뀌지 않는다.
- 책임보다 실행 : 리스크를 감지했다면 나부터 해결 방안을 실행한다.
- 불완전한 시도 : 완벽하지 않아도 변화를 위한 시도를 응원한다.
- 피드백 공유 : 피드백은 비판이 아니라 더 잘해보려는 신호로 받아들인다.

그라운드 룰

모두가 편하게 대화에 참여할 수 있도록 다음의 약속을 함께 실천한다. 이 공간에서는 직급과 역할을 떠나 한 팀의 구성원으로서 서로를 존중하며 이야기한다.

- 판단보다 이해 : 이 공간에서는 판단보다 이해를 우선한다.
- 비공개 원칙 : 서로의 발언은 기록하지 않고 외부로 공유하지 않는다.
- 솔직한 표현 : 지금 느끼는 그대로 솔직하게 표현한다.
- 같은 참여자 : 리더도 구성원과 함께 참여자의 한 사람으로 팀 코칭에 임한다.
- 작은 합의의 힘 : 완벽한 해결보다 작은 실천의 합의에 의미를 둔다.

- 다름을 존중 : 피드백과 감정 표현의 방식은 사람마다 다르다는 것을 인정한다.
- 모두의 책임 : 팀 코칭 전반의 분위기와 성과는 참여한 모두의 책임임을 기억한다.

(3)

팀 코칭 프로세스

리더십 리스크관리 팀 코칭은 다음의 6단계로 구성되어 있다. 리더와 팀의 상황 그리고 리더십 리스크 진단 결과에 따라 유연하게 조정할 수 있으며 각 단계는 다음과 같은 흐름을 따른다. 먼저 리더와 팀이 함께 리더십 리스크를 진단하고 그 원인을 돌아보며 회복 가능한 실행 계획을 수립한다. 각 세션은 심리적 안전감을 기반으로 진행되며 팀의 실질적인 변화로 이어질 수 있도록 설계되었다.

리더십 리스크관리 팀 코칭 프로세스

단계	핵심 질문	주요 활동
사전 단계	리더십 리스크가 무엇인지 알고 있는가?	리더 사전 인터뷰 리더십 리스크 자가 진단 배포
세션 1	우리 팀은 어떤 리더십 리스크가 위험한가?	진단 결과 공유 및 해석 리더와 팀 간 관점 차이 탐색 우선순위 리스크 1~2개 선정
세션 2	원인은 무엇이며 어떤 감정이 얽혀 있는가?	리스크의 원인 탐색 팀 내 감정 공유 및 공감 리더의 인식과 팀의 감정 간 간극 확인
세션 3	우리는 어떻게 변화할 수 있는가?	실행 계획 수립 피드백 루틴 설계 팀과 리더의 역할 정리

세션 4	실행 계획은 어떻게 진행되고 있는가?	실행 점검 성과와 장애물 공유 실행 계획 수정 및 보완
마무리 단계	변화는 지속 가능한가?	리더 및 팀 실천 다짐 실행 지속을 위한 후속 점검 계획 수립

이 프로세스는 단순한 회의나 피드백 세션이 아니라 리더와 팀이 리더십 리스크를 공동으로 인식하고 해결해 나가는 실천 중심의 과정이다. 각 세션은 1~2주 간격으로 운영되며 그 사이 리더와 팀은 실행 계획을 실제로 실천하게 된다.

특히 사전 단계에서 리더 인터뷰와 리더십 리스크 자가 진단 설문이 완료되어 있어야 하며 세션 1에서는 리더가 팀과 함께 "함께 변화하겠다"는 참여 의지를 명확히 표명하는 것이 중요하다. 또한 팀 코칭 마무리 단계에서 실행 지속 계획을 포함한 후속 점검 계획도 함께 설계하는 것이 바람직하다.

(4)

팀 코칭 실전 도구

1) 리더십 리스크 자가 진단(리더용 간편 버전)

아래 문항은 리더가 자신의 리더십 상태를 스스로 진단해 보는 자가 점검 도구다. 평소 팀과의 관계, 커뮤니케이션, 의사결정 방식 등을 돌아보며 응답한다.

총 문항 수는 열여덟 개이며 리스크 유형별로 세 문항씩 구성되어 있다. 각 문항은 5점 척도로 평가된다. 유형별 최대 점수는 15점이다.

각 문항에 대해 다섯 가지 척도 중 하나를 선택해 체크해보자.

리더십 리스크 유형	문항	매우 그렇다 (5점)	그렇다 (4점)	보통이다 (3점)	아니다 (2점)	매우 아니다 (1점)
커뮤니케이션 리스크	팀원들은 내게 불편한 이야기도 비교적 자유롭게 꺼낼 수 있다					
	나는 팀원들이 회의 시간에 충분히 발언하고 있다고 생각한다					
	내가 던진 질문에 대해 팀원들이 솔직하게 의견을 낸다					
인적 리스크	나는 퇴사나 부서 이동 요청의 신호를 사전에 어느 정도 감지할 수 있다					
	나는 팀원 개개인의 불평불만에 관심을 갖고 반응하려 한다					

구분	문항					
인적 리스크	나는 팀원에게 함께 일하고 싶은 리더로 인식된다					
의사결정 리스크	나는 중요한 결정을 팀원들과 논의한 후 내리는 편이다					
	나는 팀원들이 스스로 판단하고 결정할 수 있는 권한을 갖고 있다고 느낀다					
	나는 혼자 모든 결정을 내려야 한다는 부담에서 점차 벗어나고 있다					
평판 리스크	나는 팀원들에게 신뢰받는 리더라고 자신 있게 말할 수 있다					
	나는 최근 말과 행동이 일치하지 못했던 순간을 돌아본 적이 있다					
	나는 리더로서의 내 평판을 팀원들에게 직접 확인해 본 적이 있다					
전략 리스크	내가 제시한 전략은 팀원들에게 명확한 방향으로 인식된다					
	나는 전략과 목표가 실제 실행 과정에서 일관되게 유지되고 있다고 생각한다					
	나는 변화 흐름을 민감하게 읽고 전략에 반영하려 한다					
윤리적 리스크	나는 내 말과 행동이 구성원에게 미치는 영향을 자주 돌아본다					
	나는 업무 지시, 피드백 그리고 회식 등 모든 상황에서 팀원이 느낄 수 있는 불편함을 경계하고 있다					
	나는 '이 정도는 괜찮겠지'라는 판단을 조심하며 조직의 윤리 기준을 지키려 한다					

진단 결과 해석 가이드(리스크 유형별)

점수 구간	리더십 리스크 상태	해석 가이드
13~15점	안정	매우 건강한 리더십 상태. 현재의 루틴을 유지하며 구성원과의 신뢰를 강화하는 방향으로 지속해 나아간다.

| 9~12점 | 주의 | 일부 경고 신호 감지. 리스크가 누적되고 있을 수 있으므로 해당 유형에 대한 피드백을 수렴하고 보완이 필요하다. |
| 8점 이하 | 위험 | 리더십 리스크가 실제로 작동 중일 가능성. 침묵, 거리감, 신뢰 저하 등 징후를 감지하고 조속한 회복 루틴이 필요하다. |

2) 리더십 리스크 자가 진단(팀용 간편 버전)

아래 문항은 팀 구성원이 리더의 리더십을 관찰하고 느낀 인식에 기반해 응답하는 진단이다. 구성원은 자신의 경험에 비추어 각 문항에 체크한다.

총 문항 수는 열여덟 개이며 리스크 유형별로 세 문항씩 구성되어 있다. 각 문항은 5점 척도로 평가된다. 유형별 최대 점수는 15점이다.

각 문항에 대해 다섯 가지 척도 중 하나를 선택해 체크해보자.

리더십 리스크 유형	문항	매우 그렇다 (5점)	그렇다 (4점)	보통이다 (3점)	아니다 (2점)	매우 아니다 (1점)
커뮤니케이션 리스크	나는 리더에게 불편한 이야기도 비교적 자유롭게 말할 수 있다					
	나는 회의 시간에 자유롭게 발언할 수 있다					
	리더는 내 의견을 경청하고 반응해준다					
인적 리스크	리더는 내 어려움을 잘 알아차리는 편이다					
	리더는 나와의 관계에 꾸준히 관심을 보인다					
	나는 리더와 계속 함께 일하고 싶다					
의사결정 리스크	리더는 중요한 결정을 내릴 때 팀원들과 충분히 상의한다					
	나는 리더의 눈치를 보지 않고 스스로 판단할 수 있다					
	리더는 모든 것을 혼자 결정하려 하지 않는다					

평판 리스크	나는 리더를 신뢰할 수 있다고 느낀다					
	리더의 말과 행동은 대부분 일치한다					
	리더는 자신의 평판을 의식하며 행동하는 것 같다					
전략 리스크	리더의 전략 방향이 분명하게 느껴진다					
	전략 계획과 실제 업무가 일치한다고 느낀다					
	리더는 외부 변화에 민감하게 반응한다					
윤리적 리스크	나는 리더의 말과 행동이 불편하거나 부적절하다고 느낀 적이 없다					
	리더는 업무 지시, 피드백 그리고 회식 등 모든 상황에서 일관된 배려를 보인다					
	리더는 조직의 윤리 기준을 지키며 흔들림 없는 태도를 보인다					

진단 결과 해석 가이드(리스크 유형별)

점수 구간	인식 수준	해석 가이드
13~15점	신뢰 형성	구성원이 리더에 대해 신뢰를 형성하고 있으며 관계가 긍정적으로 작동하고 있다.
9~12점	주의 필요	특정 리스크에 대해 구성원이 느끼는 불안 또는 불신이 존재할 수 있다. 리더는 해당 유형에서의 피드백을 경청할 필요가 있다.
8점 이하	회복 필요	구성원이 실제로 리더를 신뢰하지 못할 가능성이 크다. 팀 코칭을 통한 대화와 회복이 필요하다.

3) 리더십 리스크 자가 진단(리더용 상세 버전)

아래 문항은 리더가 자신의 리더십 상태를 보다 깊이 있게 점검하기 위한 진단 도구다. 평소 팀과의 신뢰, 의사소통, 결정 구조, 윤리적 기준 등을 포함해 리더십 전반을 성찰하며 응답한다.

총 문항 수는 서른 개이며 리스크 유형별로 다섯 문항씩 구성되어 있다. 각 문항은 5점 척도로 평가된다. 유형별 최대 점수는 25점이다.

각 문항에 대해 다섯 가지 척도 중 하나를 선택해 체크해보자.

리더십 리스크 유형	문항	매우 그렇다 (5점)	그렇다 (4점)	보통이다 (3점)	아니다 (2점)	매우 아니다 (1점)
커뮤니케이션 리스크	나는 팀원들과의 소통에서 일방적 전달이 아닌 상호작용을 의식한다					
	나는 팀원들이 자유롭게 의견을 제시할 수 있도록 분위기를 조성한다					
	나는 회의나 면담 후 팀원의 반응을 돌아보며 개선점을 찾는다					
	나는 팀원이 말하지 않을 때 그 이유를 파악하려고 노력한다					
	내 소통 방식이 팀의 활력을 높이는 데 기여한다고 느낀다					
인적 리스크	나는 팀원이 떠나고 싶어 하는 사유를 사전에 감지하려 노력한다					
	나는 구성원 개인의 욕구와 동기를 이해하려고 시간을 투자한다					
	구성원의 이탈을 단순히 성과나 태도의 문제가 아니라 나와의 관계 문제로 바라본다					
	나는 팀원 개개인의 성장과 경력에 관심을 기울인다					
	구성원이 나와 함께 일하는 것을 자랑스럽게 느끼게 하고자 노력한다					
의사결정 리스크	나는 팀원들과 함께 결정할 수 있는 영역을 사전에 명확히 알려준다					
	나는 의사결정의 배경과 이유를 명확히 설명하려 노력한다					
	나는 팀원들과 함께 논의하는 의사결정 구조를 지향한다					

의사결정 리스크	나는 팀원들이 스스로 판단하고 결정할 수 있는 권한을 갖고 있다고 느낀다					
	나는 의사결정 이후 팀의 반응을 관찰하고, 필요시 조율한다					
평판 리스크	나는 리더로서의 내 평판을 주기적으로 점검한다					
	나는 말과 행동의 불일치를 인식하면 즉시 수정하려 한다					
	나는 신뢰와 일관성을 중요한 리더십 자산으로 여긴다					
	내 평판이 잘못 전달되고 있을 가능성에도 민감하게 반응한다					
	나는 팀원에게 신뢰할 수 있는 리더로 남고자 노력한다					
전략 리스크	나는 전략 수립 시 팀의 현실을 충분히 반영한다					
	나는 전략이 문서가 아닌 팀의 실행과 반드시 연결돼야 한다고 생각한다					
	나는 전략 실행 중 변수 발생 시 방향을 유연하게 조정한다					
	나는 전략 방향에 대한 팀의 이해도와 수용도를 점검한다					
	나는 모든 팀원들에게 팀의 전략을 명확하게 설명하고 반복해서 공유한다					
윤리적 리스크	나는 윤리적 기준을 흔들림 없이 지키려 노력한다					
	나는 사소한 일에도 모범을 보이려 한다					
	나는 윤리적 회색지대에서 판단이 필요한 상황에 항상 대비하고 있다					
	나는 팀원이 불편해할 수 있는 말이나 행동을 사전에 점검한다					
	나의 영향력이 누군가에게 압박이 되지 않도록 경계한다					

진단 결과 해석 가이드(리스크 유형별)

점수 구간	리더십 리스크 상태	해석 가이드
22~25점	안정	리더십이 신뢰 기반 위에 견고하게 작동하고 있으며 팀과의 관계도 매우 건강한 상태이다. 현재의 리더십 루틴을 유지하면서 팀원들과의 피드백을 바탕으로 강점을 더욱 강화한다.
17~21점	주의	일부 약화 조짐이 감지되며 특정 상황에서 리스크가 작동하고 있을 가능성이 있다. 리더십 루틴을 점검하고 팀의 반응에 더욱 민감하게 대응할 필요가 있다.
16점 이하	위험	리더십 리스크가 구체적으로 작동 중일 가능성이 높으며 팀과의 신뢰나 연결에 누수가 발생했을 수 있다. 팀원들과의 대화를 통해 회복 전략을 수립하고 실행해야 한다.

4) 리더십 리스크 자가 진단(팀용 상세 버전)

아래 문항은 팀 구성원이 리더의 리더십을 구체적으로 관찰하고 평가할 수 있도록 구성된 진단 도구다. 각 문항은 리더의 일상적 태도와 행동, 의사결정, 소통, 신뢰 형성 방식 등에 대한 구성원의 인식을 기반으로 한다.

총 문항 수는 서른 개이며 리스크 유형별로 다섯 문항씩 구성되어 있다. 각 문항은 5점 척도로 평가된다. 유형별 최대 점수는 25점이다.

각 문항에 대해 다섯 가지 척도 중 하나를 선택해 체크해보자.

리더십 리스크 유형	문항	매우 그렇다 (5점)	그렇다 (4점)	보통이다 (3점)	아니다 (2점)	매우 아니다 (1점)
커뮤니케이션 리스크	리더는 소통 후 팀의 반응을 돌아보며 개선하려 한다					
	리더는 회의나 면담 시 구성원의 의견을 경청하고 업무에 반영하려 노력한다					
	리더는 일방적 전달보다 상호작용을 중시하는 소통을 한다					

구분	문항					
커뮤니케이션 리스크	내가 말하지 않을 때, 리더는 그 이유를 이해하려 애쓴다					
	리더의 소통은 팀의 활력과 신뢰에 긍정적 영향을 준다					
인적 리스크	리더는 나의 경력 개발 계획에 관해 항상 관심을 갖고 조언해 준다					
	리더는 나의 이직(직무 전환) 고민을 민감하게 감지한다					
	나는 리더와의 관계가 업무 지속 여부에 영향을 준다고 느낀다					
	리더는 나의 성장을 위한 방법을 진지하게 고민해 준다					
	나는 우리 리더와 함께 일하는 것에 자부심을 느낀다					
의사결정 리스크	리더는 결정을 내릴 때 팀원들의 의견을 먼저 듣는다					
	나는 자율적으로 판단하고 결정할 권한이 있다					
	리더는 의사결정의 배경과 이유를 충분히 설명한다					
	리더는 의사결정을 독단적으로 하지 않으려 한다					
	리더는 의사결정 이후 팀의 반응을 살피고 필요시 조율한다					
평판 리스크	나는 리더의 리더십을 신뢰하고 있다					
	리더는 말과 행동의 일치를 보여주기 위해 노력한다					
	리더는 신뢰와 일관성을 중시한다는 인상을 준다					
	리더는 자신에 대한 왜곡된 소문을 주의 깊게 살피려 노력한다					
	나는 팀 밖에서 리더를 본받을 만한 사람이라고 이야기한다					
전략 리스크	리더는 전략 수립 시 현실을 충분히 반영한다					
	전략은 실행을 전제로 수립하고 실제 업무에 반영된다					

전략 리스크	전략 실행 중 변수가 생기면 리더는 방향을 조정한다					
	리더는 전략 방향을 팀과 충분히 공유한다					
	나는 리더가 말한 전략을 명확하게 이해하고 있다					
윤리적 리스크	리더는 윤리적 기준을 명확히 지키려 노력한다					
	리더는 사소한 상황에서도 모범을 보인다					
	리더는 윤리적 회색지대에서 신중한 판단을 한다					
	리더의 말과 행동에서 구성원을 향한 존중이 느껴진다					
	리더는 영향력을 남용하지 않으려 항상 경계한다					

진단 결과 해석 가이드(리스크 유형별)

점수 구간	리더십 리스크 상태	해석 가이드
22~25점	안정	구성원이 리더에 대해 신뢰와 존중을 바탕으로 긍정적인 리더십을 인식하고 있다. 리더와의 관계가 안정적으로 작동하며 협력적인 분위기가 유지되고 있다.
17~21점	주의	일부 리더십 리스크가 구성원에게 감지되고 있으며 팀 내 신뢰나 소통에서 불일치가 존재할 수 있다. 리더는 해당 유형에 대해 구성원의 피드백을 진지하게 검토할 필요가 있다.
16점 이하	위험	리더가 구성원의 신뢰를 잃고 있거나 심리적 거리감이 발생하고 있을 가능성이 높다. 리더는 조속히 팀과 대화의 시간을 갖고 리더십을 회복할 실천 계획을 세워야 한다.

5) 사전 단계 : 리더 인터뷰 양식

리더 인터뷰는 팀 코칭의 사전 단계로 진행되는 1:1 대화이며 리더가 인식하고 있는 리더십 리스크, 팀 분위기, 최근 변화, 해결하고 싶은 과제 등을 깊이 있게 이해하기 위한 과정이다. 이 대화는 리더의 고민과 인식을 바탕으로 코칭의 방향을 설정하고 팀에 꼭 필요한 변화를 설계하는 중요한 첫걸음이 된다. 인터뷰는 비공개로 진행하며 리더의 솔직한 인식 공유는 효과적인 팀 코칭을 가능하게 하는 핵심 열쇠이다.

항목	질문	리더 응답 메모
리더십 리스크 인식	최근 3개월 동안 팀 내에서 감지한 가장 큰 변화는 무엇인가?	
	현재 팀에서 가장 우려되는 리더십 리스크는 무엇인가? (☑ 체크 및 이유 작성) □ 커뮤니케이션 □ 인적 □ 의사결정 □ 평판 □ 전략 □ 윤리적	
	팀이 침묵하거나 방어적으로 반응하는 상황은 언제인가?	
	나의 행동이나 결정이 팀에 부정적 영향을 준 것 같다고 느낀 적이 있는가?	
팀 상태	현재 팀 분위기를 100점 만점으로 평가한다면 몇 점인가? 그 이유는 무엇인가?	
	팀원 간 신뢰 수준은 어느 정도라고 보는가? □ 매우 신뢰 □ 높음 □ 보통 □ 낮음 □ 전혀 신뢰하지 않음	
	최근 퇴사자나 부서 이동 요청자가 있었는가? 있었다면 배경은 무엇이라고 생각하는가?	
리더의 성찰 및 기대	최근 리더로서 가장 힘들었던 순간은 언제였는가?	
	어떤 리더가 되고 싶은가? 지금의 나와는 어떤 차이가 있는가?	
	이번 팀 코칭을 통해 기대하는 변화나 결과는 무엇인가?	
팀 코칭 참고 사항	현재 팀에서 민감하게 다뤄야 할 이슈가 있다면 무엇인가?	

팀 코칭 참고 사항	구성원 중 특별히 배려가 필요한 사람은 누구인가?	
	팀 코칭을 효과적으로 진행하기 위해 바라는 점이 있다면 무엇인가?	

6) 실행 계획 수립 예시

팀 코칭을 통해 도출된 리더십 리스크 회복 방안을 실행 중심으로 전환한 것이다. 누가, 언제, 무엇을, 어떻게 실행할 것인지 구체적으로 정리하여 실천 가능성을 높인다.

구분	실행 항목	담당자	실행 시점	실행 방식
1	주간 회의 시 10분간 오픈 피드백 시간 마련	리더	매주 월요일 10시	첫번째 회의 안건으로 고정
2	팀원별 1:1 대화 일정 수립	리더, 팀원	매월 1주 차	구글 캘린더로 일정 조율, 공유
3	리더십 리스크 자가 진단 결과를 팀과 공유하고 의견 나누기	리더	다음 주 주간 회의	마지막 안건으로 15분 활용
4	월 1회 '리더에게 바란다' 익명 의견 수렴	팀원 전원	매월 마지막 주	구글폼

활용 팁

· 너무 많은 항목을 한 번에 정하지 말고 2~4개 핵심 실행 항목으로 시작한다.

· 실행 항목은 지킬 수 있는 수준의 작고 구체적인 실천이어야 한다.

· 세션 4와 마무리 단계에서 이 실행 계획을 다시 점검하고 조정한다.

7) 후속 점검용 체크리스트

팀 코칭 이후, 최소 1개월 이상 경과한 시점에 사용하는 점검 도구이다. 리더와 팀 코칭 진행자 또는 내부 HR 담당자가 함께 활용한다. 실천 지속 여부, 리더와 팀의 변화, 리스크 회복 수준을 확인하고 향후 보완 방향을 설정하는 데 목적이 있다.

점검 항목	질문	작성/체크
실행 지속 여부	실행 계획 중 실천한 항목은 무엇인가?	
피드백 루틴 유지	회의, 1:1 대화, 설문 등 정기적인 피드백 루틴이 현재도 유지되고 있는가?	☐ 예　　☐ 아니오
리더의 변화 인식	리더로서 내가 가장 바뀌었다고 느끼는 점은 무엇인가?	
팀의 변화 인식	팀의 분위기나 반응에서 달라진 점은 무엇인가?	
리스크 회복	가장 효과적으로 회복되었다고 느끼는 리더십 리스크는 무엇인가?	☐ 커뮤니케이션　☐ 인적　☐ 의사결정 ☐ 평판　☐ 전략　☐ 윤리적
향후 보완 계획	앞으로 어떤 점을 추가로 실천해 보고 싶은가?